Next Stop: Italy

Driving Verses and Images

Edited by / A cura di Renato Miracco
Introduction by / Introduzione di Verna Curtis
Essay by / Testo critico di Lu

CHARTA

Design / Progetto grafico
Fayçal Zaouali

Editorial Coordination / Coordinamento redazionale
Filomena Moscatelli

Copyediting / Redazione
Silvia Palombi (italiano / Italian)
Emily Ligniti (inglese / English)

Translation / Traduzione
Ada Arduini (Italian / italiano)
Luisa Nitrato Rizzo (English / inglese)

Promotion and Web / Promozione e Web
Elisa Legnani

Distribution / Distribuzione
Anna Visaggi

Administration / Amministrazione
Grazia De Giosa

Warehouse and Outlet / Magazzino e Spaccio
Roberto Curiale

Cover / Copertina
Gianni Berengo Gardin (detail / dettaglio)

Back cover / Retro di copertina
Renato D'Agostin (graphic realaboration / rielaborazione grafica)

ISBN 978-88-8158-862-6
Printed in Italy

Edizioni Charta srl
Milano
via della Moscova, 27 - 20121
Tel. +39-026598098/026598200
Fax +39-026598577
e-mail: charta@chartaartbooks.it
www.chartaartbooks.it

Under the Auspices of the President of the Italian Republic
Sotto l'Alto Patronato del Presidente della Repubblica Italiana

with the Patronage of the Ministry of Foreign Affairs and the Embassy of Italy in Washington, DC
con il Patrocinio del Ministero degli Affari Esteri e dell'Ambasciata Italiana a Washington, DC

2013 ANNO DELLA CULTURA ITALIANA
YEAR OF ITALIAN CULTURE

with the support of the Corporate Ambassadors / con il sostegno dei Corporate Ambassadors

eni

INTESA SANPAOLO

Embassy of Italy

This publication was conceived and edited by the
Embassy of Italy in Washington, DC
Questa pubblicazione è stata ideata e curata dalla
Ambasciata d'Italia a Washington

Claudio Bisogniero, *Ambassador / Ambasciatore*

Special thanks to / Un ringraziamento speciale a

Verna Curtis, *Curator of Photography in the Prints & Photographs Division of the Library of Congress*

Michael McBride, *Program Manager WMATA*

The Office of the Poet Laureate of Washington, DC

Dolores Kendrick, *Laureate poetess*

Luca Panaro, *Critic, curator, and professor at Accademia di Belle Arti di Brera, Milan*

Francesca Pennarola

with the courtesy of / con la cortesia di

M metro

This book would not have been possible without the help of poets' heirs and of the publishing houses / Questa pubblicazione non sarebbe stata possibile senza l'aiuto e la collaborazione degli eredi per i poeti e delle case editrici:
Giulio Einaudi, Torino; Garzanti Libri, Milano; Arnoldo Mondadori Editore, Milano; Università di Pavia; AGNI Magazine – Boston University; Carcanet Press; Copper Canyon Press; Ferrar, Straus & Giroux; Oberlin College Press; Società Editrice Fiorentina; The Royal Literary Fund; The University of Chicago Press; The University of Toronto Press

Also, many thanks for granting poem translations to / Inoltre un sentito ringraziamento per la concessione delle traduzioni delle poesie a: Millicent Bell, Nick Benson, Alexander Booth, Geoffrey Brock, Andrew Frisardi, Robin Healey, A.S. Kline, Norman Macafee and / e L. Martinengo, Henry Reed, Jennifer Scappettone, Allen Shearer, David Young, C. Wright and / e J. Galassi

I would also express my sincere appreciation to those who worked on this catalogue, in particular / Vorrei esprimere il mio sincero apprezzamento alle persone che hanno lavorato con me nella realizzazione di questo libro, in particolare
Giuseppe Liverani and / e Edizioni Charta
Federico Bolognesi
Maria Grazia Monfalcone
Ornella Orditura

R. M.

The Year of Italian Culture. An Emotional Journey

2013 is the Year of Italian Culture in the United States. A long, exciting journey that we will take, together, to discover Italy. Through images, words, and events. Sounds, colors, and flavors. A long, emotional journey.
The very word *emotion* contains, in its root, the idea of movement. And one of the objectives of this year-long journey is to bring beauty and wonder to nontraditional, unexpected places: not just museums, but also on the bus. In contact with people. Hence, the idea to give a poet's verse or a photographer's vision to those who travel across the city every day.
The images, chosen with the Library of Congress, will then remain in the Library, that immense and captivating "hard drive" of the American people, and of us all. And they will also be exhibited in major museums such as the Phillips Collection.
But we wanted to begin our journey on the buses. And on the buses of the capital. In the hopes that it might continue to other American cities. And then, perhaps, even to Italy. And not just virtually. To discover, or rediscover, our country. *Next stop: Italy.*

Claudio Bisogniero
Italian Ambassador to the United States

L'Anno della Cultura Italiana. Un viaggio di emozioni

Il 2013 è l'Anno della Cultura Italiana negli Stati Uniti. Un lungo affascinante viaggio, insieme, alla scoperta dell'Italia, attraverso immagini, parole e spettacoli, suoni, colori e sapori. Un lungo viaggio di emozioni.
Del resto, la parola *emozione* contiene già in radice l'idea del movimento. E uno degli obiettivi di questo viaggio lungo un anno è proprio quello di portare bellezza e stupore anche in luoghi non tradizionali, inaspettati: non solo nei musei, ma anche sugli autobus. A contatto con la gente.
Da qui l'idea di regalare il verso di un poeta o lo sguardo di un fotografo a chi, ogni giorno, affronta il proprio piccolo viaggio cittadino.
Le immagini, scelte con la Library of Congress, sterminato e affascinante "hard disk" del popolo americano e di tutti noi, saranno esposte in musei importanti, quali la Phillips Collection di Washington, e poi conservate proprio alla Library.
Ma volevamo iniziare il nostro viaggio dagli autobus della capitale, sperando che possa continuare in altre città americane. E poi, chissà, anche in Italia, e non solo virtualmente. Per conoscere, o ritrovare, il nostro Paese. *Next stop: Italy*.

Claudio Bisogniero
Ambasciatore d'Italia negli Stati Uniti

Introduction

Verna Curtis

In viewing this selection of images, one begins to feel the vibrancy in the creations of Italian photographers today—while living in the United States, at home in Italy, or elsewhere abroad. As professionals and as artists, many adhere to a current that expresses nostalgia for venerated places, such as Gabriele Basilico, and for nature, as brought forth by Nino Migliori and Bianca Sforni. Basilico's Roman bridge suggests an interest in history which we can tie to Mimmo Jodice's extreme close-up of *Amazzone da Ercolano* and Mario Cresci's triptych of a woman and man with the framed portrait (of their presumed ancestors).

Sforni's landscape, however, can hardly be divorced from man's or woman's place within it. The space in her landscape view of Fuji is dwarfed by the brightly lit road and the reflections of city lights in its foreground. Both Luigi Ghirri's seat along a path in a tropical garden and Gianni Berengo Gardin's couple on a walk along a switchback road easily betray the hand of man in nature and the relationship we forge to the world in order to appreciate the wondrous multiciplicity it offers us. Like Gardin's photograph, Renato D'Agostin's juxtaposition of man and bird in flight in *Tokio* is not simply an exercise in black-and-white graphic design, but also a pairing of elements, the contrast in stoppage of movement between two creatures of this earth.

Moreover, these photos share a strong ironic vein and elements of mystery, like the photo by Andrea Galvani in the Arctic Ocean or Paolo Ventura's bird-headed man in the snowy woods is at once incongruous and comedic. (Are we even aware that Ventura's figure may not even be a real man in costume?) And they beg us to invent stories concerning them in order to explain the question they ask about "why?" Those images inhabit the unknown. They offer us intrigue just like the close encounter we are led to believe has just occured in Franco Vaccari's *Roots* or is about to take place in Fresco Nonino's *As if the Shame*. Without explanation, they become our own inventions, suggesting to us scenes from an imaginary motion picture.

Whether or not we should generalize from these few photographs about the range of concerns held by Italian photographers today, they offer us captivating thoughts and dreams that take us to new places within ourselves. Therefore, I find it most appropriate for these photographs to be paired with lines written by Italian poets. Together, another artform is established, one which gives us an encouraging gift from Italy.

Verna Curtis is a curator specializing in photographs. She studied at the University of California-Berkeley, the University of Wisconsin-Milwaukee, and Arizona State University. She is Curator of Photography in the Prints & Photographs Division at the Library of Congress. She has organized numerous exhibitions, lectured, and published *Photographic Memory: The Album in the Age of Photography* (Aperture).

Verna Curtis è curatrice specializzata in fotografia. Ha studiato all'University of California-Berkeley, all'University of Wisconsin-Milwaukee e all'Arizona State University. È curatrice di fotografia della Divisione Stampe e Fotografie della Biblioteca del Congresso di Washington. Ha organizzato numerose mostre, ha tenuto conferenze e ha curato la pubblicazione *Photographic Memory: The Album in the Age of Photography*.

Introduzione

Verna Curtis

Nel guardare questa selezione di immagini, si comincia a percepire la vitalità della produzione dei fotografi italiani di oggi, che vivano negli Stati Uniti, in patria o in qualsiasi altro paese. Come professionisti e come artisti, molti di loro aderiscono a una corrente che esprime nostalgia per luoghi venerabili, come Gabriele Basilico, e per il mondo naturale, come nei lavori di Nino Migliori e Bianca Sforni. Il ponte romano di Basilico suggerisce un interesse per la storia che possiamo collegare al primissimo piano della "Amazzone da Ercolano" di Mimmo Jodice e al trittico con uomo, donna e ritratto in cornice (forse dei loro antenati) di Mario Cresci.
Tuttavia il paesaggio di Sforni non può essere separato dal posto che l'uomo e la donna vi occupano. Lo spazio, nella sua veduta del Fuji, è rimpicciolito dalla strada ampiamente illuminata e dai riflessi delle luci della città in primo piano. La sedia lungo il sentiero del giardino tropicale di Luigi Ghirri e la coppia che passeggia in una stradina a tornanti di Gianni Berengo Gardin rivelano facilmente l'impronta dell'uomo nella natura e il rapporto che ci costruiamo con il mondo per poterne apprezzare la meravigliosa molteplicità. Come nella foto di Berengo Gardin, in "Tokyo" di Renato D'Agostin la contrapposizione tra uomo e uccello in volo non è semplicemente un esercizio grafico in bianco e nero, ma anche un accostare due elementi, sottolineare il contrasto tra due creature di questa terra, colte nell'istante del movimento.
Inoltre, queste fotografie hanno in comune forti venature ironiche ed elementi di mistero, come la foto di Andrea Galvani nell'Oceano Artico o l'uomo con la testa d'uccello nel bosco innevato di Paolo Ventura, sono incongrue e buffe al tempo stesso. (Ci siamo mai chiesti se il personaggio di Ventura possa non essere un uomo travestito?) E ci implorano di inventarci delle storie incentrate su di loro, per poter dare una risposta alla loro domanda: "Perché?". Queste immagini abitano un mondo sconosciuto. Ci offrono enigmi, proprio come l'incontro che ci sembra appena accaduto in "Radici" di Franco Vaccari o che sta per accadere in "Come se la vergogna" di Francesco Nonino. Senza ulteriori spiegazioni, diventano una nostra invenzione, ci suggeriscono scene da film immaginari.
Che da queste poche fotografie sia possibile o meno dedurre un principio generale sugli interessi che oggi occupano la mente dei fotografi italiani è difficile dirlo, tuttavia esse ci propongono pensieri e sogni affascinanti capaci di condurci in luoghi nuovi dentro noi stessi. Quindi, trovo straordinariamente appropriato che queste fotografie siano state abbinate a versi scritti da poeti italiani. Insieme hanno inaugurato un'altra forma d'arte, un incoraggiante dono dall'Italia.

Next Stop: Italy. Emotion in Motion

Renato Miracco

What thou lovest well remains,
The rest is dross
What thou lov'st well shall not be reft from thee
What thou lov'st well is thy true heritage . . .

Ezra Pound, *Pisan Cantos, LXXXI*

I don't know how many of you travel by bus or subway. I do very often, and I always stop to read the writing above me, both ads and event announcements, and, at times, I've thought about the enormous potential there is for reaching a huge number of people who travel on public transit every day.

I recently discussed this with Michael McBride, the manager of Washington, DC's Metrorail Art in Transit Program (MetroArts), when I asked him to help me devise and develop a different way to celebrate the 2013 Year of Italian Culture in the United States. Together, we came up with the idea of placing ads that were motivational and inspiring where generally there are only promotional messages.

Our proposal, fully supported by the Office of Poet Laureate of Washington, DC, was to promote Italian poetry written both in the original language and in English translation; poetry, a little known discipline, would thereby be publicized and would communicate a message that was new and . . . poetic to the Metro users.

But since words alone, however evocative, were perhaps not enough in a society that lives and breathes images, we had to go further; we needed to team them with a photo that would grab the viewer's attention: an image that existed in its own right, and that contemporaneously would promote a discipline, such as photography, that was not very well known, at this level, in the States.

Out of this came the idea of giving the artist space to transform in both senses: as words evoked and images proposed.

The subject of the art is thus the space in which the artists fill this *blank page* with a "*formula*" drawn from feelings that they first experienced themselves.

The gift of the image consists in its ability to provide us with a place from which to observe our own soul, and to see precisely what it is doing, thinking, or feeling.

In fact, while the scientific symbol abbreviates and impoverishes reality by providing it with an abstract representation, art, in this case, the photographic composition, involves a process of intensification and actualization of reality. The people photographed and the places depicted are captured like elements in a much vaster mosaic, and, at times, achieve the status of symbols/emblems that live their own lives, but in strict relation to others. A work of art is nothing other than a way of communicating a story to the outside world, a story that the artist, the shaman, the subject, offers and shares with the viewer.

According to Edward Casey, an image is not "*something we see, but a way of seeing.*" A photo can therefore represent an object from the visible world, but can also symbolize an idea, a vision of the represented world, and may even express the conscious or unconscious spirit of the artist.

We must now examine the issue of spaciality, that is, how this group of messages are perceived and resolved in terms of the way they are presented and understood. And it is here that poetry comes into play, a poetic interpretation that helps to express a complementary message that is more profound: yet another interpretive key, a shamanic voice suggesting prophetic words.

Having set out with these premises, the task was a difficult one: how to choose the photographers and poems?

The help of Verna Curtis from the Library of Congress and Luca Panaro, a scholar and lecturer on the two-year photography course at the Accademia di Belle Arti of Brera, Milan, was key.

Twelve photographers were selected, with considerable space given to the younger generation. Each photographer is represented by three defining photographs, and just one of these is teamed with verses from a poem in Italian and in English translation.

I love poetry and travel with poetry, and I always try to begin my articles and essays with poetry. I believe that poetry interprets the reality of everyday life in a way that helps us enormously.

But Italian poetry is almost entirely unknown to the vast American public, and good translations are not always available.

As we moved forward with the project, our choices were guided by how well-known the poems were, many of were part of the school syllabus for my generation.

Thus, with the support of the Office of Poet Laureate of Washington, DC, we largely focused on Italian classics.

The pairings, on the other hand, were made by Dolores Kendrick, the African-American poet who also wrote the beautiful poem dedicated to Rome and to 2013 Year of Italian Culture in the United States, the only American voice, that opens the book.

The resulting whole is composed of two elements, images and poetry, whose symbolic union, the product of a dialectical relationship, is thus a highly valuable form of communication and constitutes an essential dimension of the work.

Now I am fascinated to see the effect it has on people!

The cover is a homage to Gianni Berengo Gardin, a great master of Italian photography. Instead, the back cover portrays best wishes to the youngest in the group.

Renato Miracco is the author of many books and scholarly articles, and he has served as a contributing editor for a range of catalogues, magazines, and academic publications. He has worked as an advisor to the Italian Ministry of Foreign Affairs and the Art Media Society in Brussels, and as a curator of the Estorick Collection in London (*Italian Abstraction 1910-1960*; *Piety and Pragmatism*; *Spiritualism in Futurist Art*) and the Metropolitan Museum in New York ("Giorgio Morandi"). In 2005 he was a guest curator of Italian modern art at the Tate Modern in London ("Beyond Painting: Burri, Fontana, Manzoni"). Since August 2006 he has been an advisor to the Scientific Committee of the Chamber of Deputies in Rome. In November 2007 he became director of the Italian Cultural Institute of New York. He has curated numerous other exhibitions, and was director of the "Quaderni dell'Istituto Italiano di Cultura di New York." In 2010 he became a cultural attaché at the Italian Embassy in Washington, DC.

Prossima fermata, Italia. Emozione in movimento

Renato Miracco

Quello che veramente ami rimane,
Il resto è scorie
Quello che veramente ami non ti sarà strappato
Quello che veramente ami è la tua eredità ...

Ezra Pound, *Canti Pisani LXXXI* (a cura di Alfredo Rizzardi), Guanda, Milano 1978.

Non so quanti di voi si spostano in bus o in metropolitana. Io ci vado molto spesso e mi fermo, sempre, a leggere le scritte che mi sovrastano: siano esse pubblicità o annunci di eventi, e, a volte, ho pensato all'enorme potenzialità di raggiungere un così grande numero di persone che quotidianamente si muovono sui mezzi pubblici.
Ne parlavo recentemente con Michael Mc Bride, responsabile di eventi nella rete pubblica di trasporto del District of Columbia, quando l'ho coinvolto per individuare e creare una maniera diversa di celebrare il 2013 come Anno della Cultura negli Stati Uniti. Insieme ci è venuta l'idea di fare degli annunci propositivi e stimolanti proprio laddove in genere ci sono solo messaggi promozionali.
La proposta, in pieno accordo con l'Office of Poet Laureate of Washington DC, era di promuovere poesie italiane sia in lingua originale sia nella traduzione inglese; la poesia, disciplina poco conosciuta, sarebbe stata promossa e si sarebbe dato un messaggio nuovo e... poetico ai frequentatori della Metro.
Ma la sola parola, per quanto evocativa, forse non bastava e in una società che vive, respira, assorbe immagini, abbiamo avuto l'esigenza di andare oltre; bisognava associarla a una foto che colpisse lo spettatore: un'immagine che vivesse di vita propria e che contemporaneamente promuovesse una disciplina, come la fotografia, poco divulgata, a questo livello, negli States.
Di qui l'idea dello spazio che viene dato all'artista affinché lo trasformi nei due sensi: sia come parola evocata che come immagine proposta.
Il soggetto dell'arte è, dunque, lo spazio laddove gli artisti riempiono questa *pagina bianca* con una "*formula*" che deriva da sensazioni che per primi loro stessi hanno sperimentato.
Il dono dell'immagine consiste nel fornirci un luogo da cui osservare la nostra anima e vedere con precisione che cosa fa, pensa o sente.
Infatti, mentre il simbolo scientifico abbrevia e impoverisce la realtà fornendone una rappresentazione astratta l'arte, e in questo caso la composizione fotografica, comporta un processo di intensificazione e concretizzazione della realtà. I personaggi fotografati, i luoghi raffigurati sono catturati come elementi di un più vasto mosaico e assurgono, alcune volte, a simboli/emblemi che vivono sì una vita propria ma in stretta correlazione con altri. L'opera d'arte è niente altro che la comunicazione al mondo esterno di una storia, una storia che l'artista, lo sciamano, il soggetto, dona, condivide con lo spettatore.
Secondo la definizione di Edward Casey un'immagine non è "*un contenuto che ve-*

diamo, ma un modo in cui vediamo." Una foto può così rappresentare un oggetto del mondo visibile ma può anche simboleggiare un'idea, una visione del mondo rappresentato, se non addirittura esprimere lo spirito conscio o inconscio dell'artista.
Bisogna prendere in esame ora il problema della spazialità cioè di come questo insieme di messaggi vengano percepiti e risolti dal punto di vista scenico e di apprendimento.
E qui entra in gioco la poesia, la lettura poetica che contribuisce a dare un messaggio complementare più profondo: è un'ennesima chiave di lettura, una voce sciamanica che suggerisce parole profetiche.
Partendo da queste premesse, difficile era la realizzazione: come scegliere i fotografi e le poesie?
Fondamentale è stato l'aiuto di Verna Curtis della Library of Congress e di Luca Panaro, docente al Biennio di Fotografia dell'Accademia di Belle Arti di Brera, Milano.
Dodici fotografi sono stati selezionati dando molto spazio alle giovani generazioni.
Ogni fotografo è rappresentato da tre fotografie, che particolarmente lo identificano, e solo una delle immagini è associata a versi di una poesia sia in italiano sia nella traduzione inglese.
Personalmente amo la poesia, viaggio con la poesia e in tutti i miei articoli o saggi cerco sempre di iniziare con una poesia. Credo che la poesia dia, nella quotidianità, una particolare lettura del reale che ci aiuta enormemente.
Ma la poesia italiana è pressoché misconosciuta al grande pubblico americano e le buone traduzioni non sempre sono reperibili.
Mano a mano che siamo andati avanti le scelte poetiche sono state guidate dalle notorietà delle poesie molte delle quali hanno fatto parte della storia scolastica della mia generazione.
Così, d'accordo con l'Office of Poet Laureate of Washington DC, abbiamo focalizzato la scelta per la maggior parte su classici italiani.
L'abbinamento, è stato invece curato da Dolores Kendrick, poetessa afroamericana, che ci ha donato anche la splendida poesia dedicata a Roma e al 2013 Anno della Cultura negli Stati Uniti, l'unica voce americana che apre il libro.
Ne è nato un'*insieme* composto di due elementi, immagine e poema: l'aggregazione simbolica che ne deriva, frutto di un rapporto dialettico, risulta così di alto valore comunicativo, cosa che costituisce una dimensione imprescindibile nell'opera.
Ora sono solo curioso di vedere l'effetto sulle persone!
La copertina è un omaggio a Gianni Berengo Gardin, grande maestro della fotografia italiana. In quarta, invece, un augurio al più giovane della rassegna.

Renato Miracco, autore di libri e articoli su svariati temi culturali, è stato *contributing editor* per numerosi cataloghi, riviste e pubblicazioni accademiche. Ha svolto attività di consulenza per il Ministero degli Esteri italiano e per la Art Media Society di Bruxelles; per la Estorick Collection di Londra ha curato le mostre *Italian Abstraction 1910-1960* e *Piety and Pragmatism: Spiritualism in Futurist Art*, per il Metropolitan Museum di New York la mostra su Giorgio Morandi.
Nel 2005 ha lavorato come *guest curator* di arte moderna italiana alla Tate Modern di Londra per Alberto Burri, Lucio Fontana, Piero Manzoni. Dall'agosto 2006 è consulente del Comitato Scientifico della Camera dei Deputati a Roma. A partire dal novembre 2007 ha diretto l'Istituto Italiano di Cultura di New York per il quale ha curato numerose mostre e ha ideato la collana degli omonimi "Quaderni". Dal 2010 è *attaché* culturale presso l'ambasciata italiana a Washington.

Italian Photography Today

Luca Panaro

The new world that is taking shape demands to be explored by a wide range of artistic languages, with the aim of confronting in-depth the new frontiers of reality. Italian photography of the past few decades has been renewing its attitude in the face of a reality that is in constant evolution, fusing the clichés of the past with the new impulses originated by this highly flexible medium. As with other countries in the past, photography in Italy seems, more than ever, to be in harmony with the times, capable of integrating the dominant characteristics of the present era. Perhaps it was the very absence, in the past, of an institutional commitment in support of photography, to have made it so competitive today, able to keep pace with the dynamics of a world in which there are no longer certainties or reassurances.
Italian photography today is capable of blending different artistic languages that express a universal philosophy, drawing on its own inherent characteristics, only to surpass them. The reasons for this new receptiveness, beyond the undisputed skill of our photographers, lie, I believe, in the lack of national impositions, rigid rules that the photography of other countries often tends unconsciously to impose because of national identity or market forces. Paradoxically, it is the very lack of a specific interest in photography that, over the years, has determined the possibility of a philosophy that is freer from constraints and conditions and thus more in harmony with the times. As Roberto Esposito argues on the subject of our country's philosophy, "from the outset, Italian philosophy has taken a different path from that of the other European philosophies. Therefore, at a point when the country's time seems, if not spent, at least under discussion in its assumptions and ends, it can face the future with a greater innovative charge."[1]
This new vitality can also be found in the literary field: the novel has become detached from its native land and has launched itself into the vortex of global circulation. This is the principal thesis posited by Vittorio Coletti in *Romanzo Mondo* (The world novel)[2]; while the major works of the past were rooted in the land that created them, and were addressed to a localized public, those written in recent decades maintain, even if in attenuated form, their original specificities, distinguishing themselves instead by a viewpoint and readership that is predominantly international. Compared with the nineteenth century and the first half of the twentieth century, we are now in a world of similarities, in which literature is no longer crossing boundaries but abolishing them, just like the other arts.
In the late twentieth century Italian photography began to look beyond its borders,

since the market for it at home was weak, and purposely conceived images that could easily be spread across Europe or the United States. National characteristics persist, even if in small doses, but the photographers try to choose subjects that appeal to a wider audience. Photography, like food, must be appreciated in different countries, and must retain its own identity without, however, upsetting local tastes. The characteristics that it develops are thus, a moderate interest in the specificities of its own culture, and a major focus on the aspects that have already been absorbed from it by the rest of the world.

The wide variety of propositions and stylistic characteristics of our country's photography distinguishes it from the homogenization that often occurs in that of other countries, frequently associated with a circumscribed group of photographers who have established themselves internationally. Post-neorealist Italian photography cannot be ascribed to any one style, and we cannot talk about a true "school" (even if this has sometimes been done with regard to documentary and landscape photography), but rather of a series of autonomous authors who can be grouped together because of the sensitivity with which they have underscored the defining characteristics of their time. Contemporary Italian photography does not support breaking with the past. Indeed, it has great admiration and respect for photographers of preceding generations, and the sense of its own currency lies in this relationship. It is frequently possible to discern, in the work of photographers born in the 1960s and 1970s, the influence of great authors, some of whom are represented in this publication, who asserted their artistic vision during those decades and paved the way for successive generations.

An interest in architecture, landscape, in understanding a land subject to continual changes, characterized by the contrast between green spaces, historic sites, and the construction of new infrastructures, quickly became the hallmark of late twentieth-century Italian photography. This is the departure point for the new generation of photographers, who differentiate themselves from their predecessors by being less attached to their own land, in their search for an image with universal value, an image that, insofar as it may be located in a certain place, expresses an attitude that is no longer confined within precise geographical borders.

Italy certainly has no lack of artists with a distinct anthropological vocation, capable of getting right to the heart of a situation, and drawing from it information about man and what distinguishes him in the present era. Ultimately, photography continues to tell the story of places and people, and to systematically explore a reality that is in a constant state of flux. Man is often the absolute protagonist of these images, even when his physical presence does not appear. In an age in which we are increasingly headed towards the cancellation of particularities, there are still those who concentrate on detail, who study differences, emphasize them, and place them at the center of their research. Through photographic images, the artist, like an ethno-anthropologist, expresses the constituent traits of contemporary culture.

Even vernacular imagery becomes an expressive tool in much Italian photography. This approach was anticipated by certain photographers active during the 1970s. However, the phenomenon subsequently became widespread in the work of artists who set out to retrieve anachronistic experiences, rediscovering the value of forgotten archive images. The interest that many photographers have in outmoded expressive forms favors the retrieval of media linked to a specific era, first photography, but also film and television. As Rosalind Krauss argues, "Photography has, then, suddenly become one of those industrial discards, a newly established curio, like the jukebox or the trolley car. But it is at just this point, and in this very condition as outmoded, that it seems to have entered into a new relation to aesthetic production."[3]

If, on the one hand, we are seeing the return of obsolete images, in direct opposition to the rise of the so-called *new media*, on the other, we are encountering artists who, in recent years, have been using and exploring digital photography. This enables them to realize, with relative ease, series of works that are difficult to achieve with the old method. In fact, digital technology has pushed photography into the world of sharing, as the success of *Instagram* and other photographic social networks has demonstrated, all the while preserving the medium's original identity. It is, above all, the new generation who are experimenting with the opportunities offered by these technologies, the artists of tomorrow who are learning from past masters, and reapplying their pioneering insights to the digital medium.

In recent years there has been an accentuated need to use the photographic medium as a tool capable of rendering fiction credible, indeed many photographers are dedicating themselves to creating sculptures or sophisticated pop-up environments. Adopting a working method already used by international photographers, Italian artists are also choosing to offer the public their own handmade works, built with great detail and expertly executed, but shown to the public only via a photograph. These mysterious sculptures are often destroyed after having been translated into photographic pictures.

In conclusion, Italian photography has laid solid foundations on which to construct its own independent, important history, in terms of current research and its ability to capture the burning issues of our time. The photography of our country is thus in excellent shape, and of renewed interest. All that remains is for it to recognize this achievement and work to ensure that this new path is universally supported and shared.

1. R. Esposito, *Pensiero vivente. Origine e attualità della filosofia italiana*. Turin: Einaudi, 2010, p. 23. Forthcoming translation by Z. Hanafi, *Living Thought: The Origins and Actuality of Italian Philosophy*. Stanford: Stanford University Press, 2013.
2. V. Coletti, *Romanzo mondo. La letteratura nel villaggio globale*. Bologna: Il Mulino, 2011.
3. R. Krauss, "Reinventing the Medium," *Critical Inquiry*, winter 1999, Vol. 25, No. 2, p. 296.

Luca Panaro was born in Florence in 1975. After graduating in Art from DAMS – Università di Bologna, since 2007 he has taught Photography in the two-year Master's program at the Accademia di Belle Arti di Brera in Milan, and since 2005 he has collaborated with the Art and Visual Communications Workshop at the Politecnico di Milano, in Piacenza. He published *L'occultamento dell'autore. La ricerca artistica di Franco Vaccari* (APM, 2007), *Realtà e finzione nell'arte contemporanea* (Enciclopedia Treccani XXI Secolo, 2010), and *Tre strade per la fotografia* (APM, 2011). He also writes for *Flash Art* and other sector magazines. He curated the exhibitions *Rereading the Image. Photography as Storage of Meaning: Italy 1970–2009* (Prague Biennale 4, Karlín Hall 2009), *City Limits. Close Your Eyes and Dream* (Expo Shanghai, Tongji University 2010), and *Community. La ritualità collettiva prima e dopo il web* (MARCA, Catanzaro 2010).

L'attualità della fotografia italiana

Luca Panaro

Il nuovo mondo che viene a delinearsi richiede di essere esplorato dai linguaggi artistici più vari, con l'ambizione di affrontare in profondità le nuove frontiere del reale. La fotografia italiana degli ultimi decenni sta rinnovando il suo atteggiamento nei confronti di una realtà in continua evoluzione, fondendo i *cliché* del passato ai nuovi impulsi originati dall'impiego di un mezzo così duttile. Come è accaduto in passato ad altre nazioni, la fotografia in Italia sembra essere più che mai in sintonia con il tempo attuale, capace di recepire i caratteri dominanti dell'odierna epoca. Forse è stata proprio l'assenza in passato di un impegno istituzionale a sostegno della fotografia a formare una cultura dell'immagine oggi così competitiva, capace di confrontarsi con le dinamiche di un mondo senza più certezze e rassicurazioni.
La fotografia italiana è oggi in grado di amalgamare linguaggi di provenienza diversa esprimendo un pensiero universale, alimentandosi dei caratteri rintracciati all'interno dei propri confini, ma per superarli. Le ragioni di questa nuova ricettività, al di là dell'indubbia capacità dei nostri autori, credo risiedano nella mancanza di imposizioni nazionali, rigidi schemi che spesso la fotografia di altri Paesi tende inconsciamente a imporre per identità nazionale o aspettative di mercato. Paradossalmente, è proprio la mancanza di un interesse specifico per la fotografia ad avere determinato nel corso degli anni la possibilità di un pensiero più libero da vincoli e condizionamenti e quindi maggiormente in sintonia con il tempo attuale. Come sostiene Roberto Esposito a proposito della filosofia del nostro Paese, «fin dall'inizio il pensiero italiano ha percorso una strada differente da quella delle altre filosofie europee. Perciò, nel momento in cui il tempo della nazione sembra, se non esaurito, quantomeno posto in discussione nei suoi presupposti e fini, esso può affacciarsi al futuro con una maggiore carica innovativa».[1]
Questa nuova vitalità la si riscontra anche in campo letterario, il romanzo si è staccato dalla sua terra nativa e si presta a lanciarsi nel vortice della circolazione globale. Questa la tesi principale di Vittorio Coletti in *Romanzo Mondo*[2]; mentre le grandi opere del passato erano radicate nel territorio che le generava, indirizzate a un pubblico locale, quelle degli ultimi decenni mantengono, anche se attenuate, le peculiarità originarie, distinguendosi invece per sguardo e utenza prevalentemente internazionale. Rispetto all'Ottocento e alla prima metà del Novecento, oggi siamo nel mondo delle somiglianze, la letteratura non attraversa più i confini, ma li abolisce, come d'altronde stanno facendo le altre arti.
La fotografia italiana di fine Novecento, non godendo in patria di un mercato forte

ha fin da subito guardato oltre confine, pensando l'immagine proprio in virtù di una facile diffusione europea o statunitense. Le caratteristiche nazionali persistono, anche se in piccole dosi, ma gli autori cercano nella scelta del soggetto quell'elemento che le possa rendere appetibili a un mercato più vasto. La fotografia, come un cibo, deve essere apprezzata in paesi diversi, mantenere la propria identità senza però infastidire i gusti locali. Le caratteristiche che acquisisce sono dunque un moderato interesse per le specificità della propria cultura d'origine e una grande attenzione a ciò che in essa è già stato assorbito nel resto del mondo.

La grande varietà di proposte e di caratteri stilistici, distingue la fotografia della nostra nazione dall'omologazione che spesso connota quella di altri Paesi, spesso associata a un gruppo circoscritto di autori affermatisi a livello internazionale. La fotografia italiana post-neorealismo non si riconosce in uno stile, non possiamo parlare di una vera e propria "scuola" (anche se a volte lo si è fatto a proposito dell'immagine di documentazione territoriale e paesaggistica), ma di una serie di autori autonomi che possono essere accomunati per la sensibilità che li ha portati di volta in volta a sottolineare i caratteri salienti del proprio tempo. La fotografia italiana contemporanea non sostiene la rottura nei confronti del passato, c'è grande stima e rispetto per gli autori delle generazioni precedenti, il senso della propria attualità risiede in questo legame. Capita frequentemente di riconoscere nelle immagini di fotografi nati intorno agli anni Sessanta-Settanta, l'influenza di grandi autori, alcuni presenti in questa pubblicazione, che in quei decenni affermarono la loro visione artistica aprendo la strada alle generazioni successive.

L'interesse per l'architettura, il paesaggio, per la comprensione di un territorio soggetto a continui cambiamenti, caratterizzato dal contrasto fra aree verdi, siti storici e nuove infrastrutture in costruzione, ben presto è divenuta la cifra distintiva della fotografia italiana di fine secolo. Questo il punto di partenza della nuova generazione di fotografi, che si differenziano dai predecessori per una minore affezione al proprio territorio, alla ricerca più che altro di un'immagine dal valore universale che, per quanto collocabile in un luogo, si faccia interprete di un atteggiamento non più circoscrivibile all'interno di precisi confini geografici.

L'Italia non manca certo di artisti dalla spiccata vocazione antropologica, capaci di penetrare nel vivo di una situazione restituendone informazioni sull'uomo e su ciò che lo contraddistingue nell'epoca attuale. Dopotutto la fotografia continua a rimanere un racconto di luoghi e di persone, di continue e sistematiche esplorazioni intorno a una realtà in continua mutazione. L'uomo è spesso il protagonista assoluto di queste immagini, anche quando nei luoghi non compare la sua presenza fisica. In un'epoca in cui si va sempre più incontro alla cancellazione delle particolarità, c'è ancora chi rivolge la sua attenzione al dettaglio e studia le differenze, le enfatizza e le pone al centro delle proprie ricerche. L'artista, come un etno-antropologo, restituisce con le immagini fotografiche i tratti costitutivi della cultura contemporanea.

Anche l'utilizzo dell'immagine vernacolare diviene lo strumento espressivo di molta fotografia italiana. Anticipatori di questo approccio furono alcuni autori attivi negli anni Settanta. Questo fenomeno però si diffonderà in modo capillare anche in seguito nell'opera di artisti che hanno lavorato sul recupero di esperienze anacronistiche, ritrovando il valore d'uso di alcune immagini d'archivio ormai dimenticate. L'interesse di molti autori verso forme espressive superate favorisce il recupero dei media propriamente legati al tempo, la fotografia per prima, ma anche il cinema e la televisione. Come sostiene Rosalind Krauss «la fotografia diventa allora improvvisamente uno di quegli scarti industriali, una nuova curiosità, come il *jukebox* o la *trolley car*. Ma è proprio a questo punto, e in questa stessa condizione di fuori moda, che sembra essere entrata in un nuovo rapporto con la produzione estetica».[3]

Se da un lato tornano alla ribalta immagini obsolete, avverse all'ascesa dei cosiddetti *new media*, dall'altro si incontrano negli ultimi anni artisti che utilizzano e riflettono sulla fotografia digitale. Questa permette di realizzare con una certa facilità rispetto al passato una serie di elaborazioni difficili da ottenere con il vecchio metodo. L'esperienza digitale traghetta infatti la fotografia nel mondo della condivisione, come dimostra il successo di *Instagram* o di altri social network fotografici, mantenendo però intatta l'identità originaria del mezzo. A sperimentare le opportunità offerte dalle tecnologie sono soprattutto le nuove leve, gli artisti di domani che si stanno formando sui maestri storici, dai quali cogliere intuizioni pionieristiche che attendono di essere rilette in ambiente digitale.
Negli ultimi anni si è accentuata l'esigenza di utilizzare il mezzo fotografico come strumento capace di rendere credibile la finzione, sono infatti frequenti gli autori che si dedicano alla costruzione di sculture o sofisticate ambientazioni effimere. Riprendendo una modalità operativa già in uso nella fotografia internazionale, anche gli artisti italiani decidono di offrire al pubblico i loro manufatti, costruiti con dovizia di particolari e opportunamente ambientati, ma mostrati al pubblico soltanto attraverso una fotografia. Spesso queste misteriose sculture vengono infatti distrutte dopo essere state tradotte in quadri fotografici.
Per concludere, la fotografia italiana ha gettato solide basi per costruire una sua Storia autonoma e importante, dal punto di vista della ricerca attuale e della capacità di cogliere le urgenze che impone la nostra epoca. La fotografia del nostro Paese gode quindi di ottima salute e di un rinnovato interesse, ora non rimane che prenderne atto e lavorare affinché questa nuova strada possa essere sostenuta e coralmente condivisa.

1. R. Esposito, *Pensiero vivente. Origine e attualità della filosofia italiana*, Einaudi, Torino 2010, p. 23.
2. V. Coletti, *Romanzo mondo. La letteratura nel villaggio globale*, il Mulino, Bologna 2011.
3. R. Krauss, *Reinventare il medium. Cinque saggi sull'arte d'oggi*, Bruno Mondadori, Milano 2005, p. 57.

Luca Panaro è nato a Firenze nel 1975. Laureato in Arte al DAMS di Bologna, dal 2007 insegna al Biennio specialistico di Fotografia dell'Accademia di Belle Arti di Brera e dal 2005 collabora con il Laboratorio Arti e Comunicazione Visiva del Politecnico di Milano, sede di Piacenza. Ha pubblicato *L'occultamento dell'autore. La ricerca artistica di Franco Vaccari* (APM, 2007), *Realtà e finzione nell'arte contemporanea* (Enciclopedia Treccani XXI Secolo, 2010) e *Tre strade per la fotografia* (APM, 2011). Scrive su Flash Art e altre riviste specializzate. Ha curato le mostre *Rereading the Image. Photography as Storage of Meaning: Italy 1970-2009* (Prague Biennale 4, Karlín Hall 2009), *City Limits. Close Your Eyes and Dream* (Expo Shanghai, Tongji University 2010) e *Community. La ritualità collettiva prima e dopo il web* (MARCA, Catanzaro 2010).

Rome: The Eternal City

An homage to 2013 Year of Italian Culture

Dolores Kendrick

Rome, thy grand ruins, still beyond compare
Thy former greatness mournfully declare,
Though time thy stately palaces around
Hath strewed and cast thy temples to the ground.

Hiedebert of Tours
Twelfth century

And the roar
of the hounds
is finished.

How do centuries of Italy roar?
Through renaissance ruins
slipped into the throats
of archives of the heart and soul?

Or the tongues of lions and sparrows?

There is a murmur along
the Appian Way, whispering
to the winds of worship,
pulling out of hollow places
great dreams anchored in the Lord.

The Tiber claims the tears
of the Pietà while Michelangelo
sings his plainsong to the sun.

Not far away
Crawls an irony of cats
complaining against their heritage
that touches the colosseum
where stone has fallen silent.

There is enough here to fill
the tourist spirit of more than
an awkward glance. Soon there
will be clouds and rain and
the fountains will laugh and speak
their seasons.
A noon visit about the hidden street
where Raphael walked offers
a tearoom and cup of hot chocolate;
then an afternoon gift of the Spanish Steps
or the Borghese Gardens wrapped
around the hills of the great pines
of the City.

The Piazza Navona is wide and small
a reminder that small things
make great shadows.

How does the Art of Roman mysteries roar?
Hear the brave voice
of the Sistine Chapel as it
marks eternity with chastity's
enjoyment of eternal youth
to the first and final judgment
and soft passions of joy!

Dolores Kendrick is one of the main Washington African-American poets selected to join the International Literary Hall of Fame for writers of African-American heritage. In 1999 she was appointed Poet Laureate and she won many prestigious awards like the Ansfield-World Award. Her award-winning book, *The Women of Plums*, is now in its twentieth year of publication. Her poems about Shanghai have also been translated into Chinese.
Moreover, Ms. Kendrick has been commissioned to write poems that have been included on a sculpture in downtown Washington, DC and inside the WMATA Metrorail system.

È una delle principali poetesse afro-americane di Washington selezionate a partecipare all'Albo d'oro del salone internazionale per gli scrittori di origine afro-americana. Nel 1999 le è stato conferito il titolo di Poeta Laureato e ha vinto prestigiosi premi, come l'Ansfield-Wold Award. Il suo premiato libro, *The Women of Plums* è ora al suo 20° anno di pubblicazione. Le sue poesie su Shanghai sono state tradotte in cinese.
La Kendrick è stata inoltre incaricata di scrivere poesie che sono state inserite in una scultura nel centro di Washington, DC e all'interno del sistema WMATA Metrorail.

Driving Verses and Images
Versi e immagini in movimento

Eugenio Montale

Meriggiare pallido e assorto

...sentire con triste meraviglia
com'è tutta la vita e il suo travaglio
in questo seguitare una muraglia... (vv. 14-16)

To slump at noon

. . . once more, to feel, with sad surprise
how all life and its battles
is in this walk alongside a wall . . . (v. 14–16)

Published in *Ossi di seppia* Mondadori, 1925.
(Eugenio Montale, *Tutte le poesie*, Mondadori, Milano 1984).
Translation by Millicent Bell in *AGNI MAGAZINE* (no. 51, 2000), Boston University.
Pubblicata in *Ossi di seppia* Mondadori, 1925.
(Eugenio Montale, *Tutte le poesie*, Mondadori, Milano 1984).
Traduzione a cura di Millicent Bell in *AGNI MAGAZINE* (n. 51, 2000), Boston University.

Gabriele Basilico

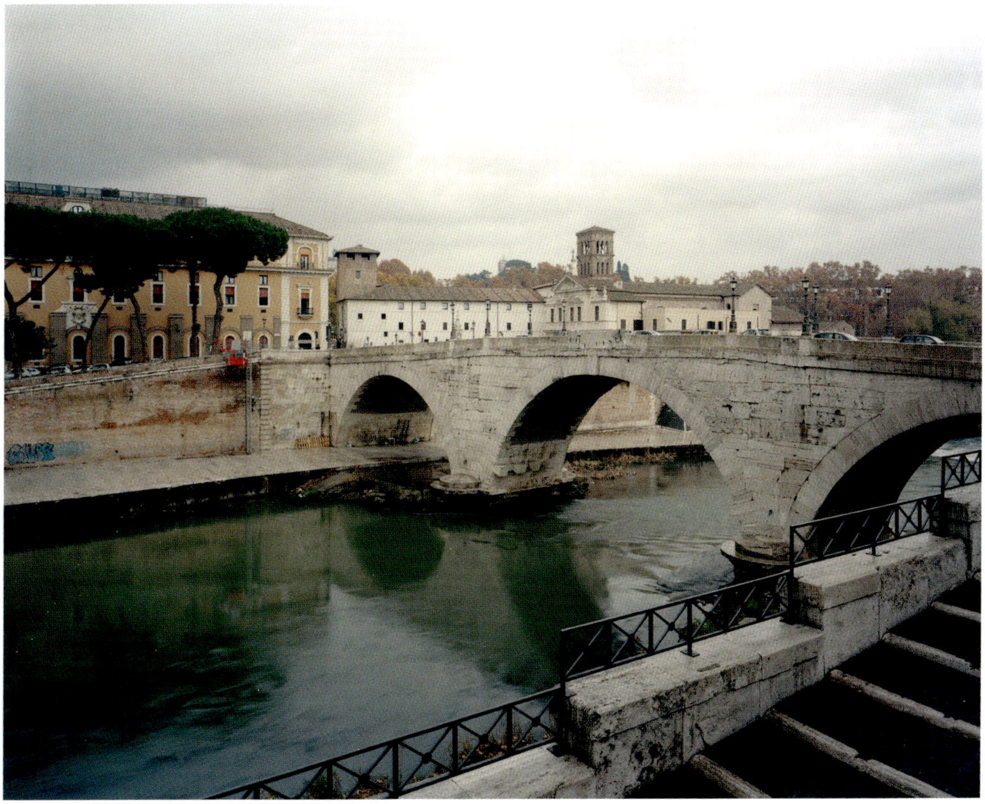

Gabriele Basilico

Ponte Cestio, Roma, 2007
pure pigment print / stampa a pigmento puro,
31.5 x 39.4 in. / 80 x 100 cm
courtesy Gabriele Basilico

Isola Tiberina, Roma, 2007
pure pigment print / stampa a pigmento puro,
31.5 x 39.4 in. / 80 x 100 cm
courtesy Gabriele Basilico

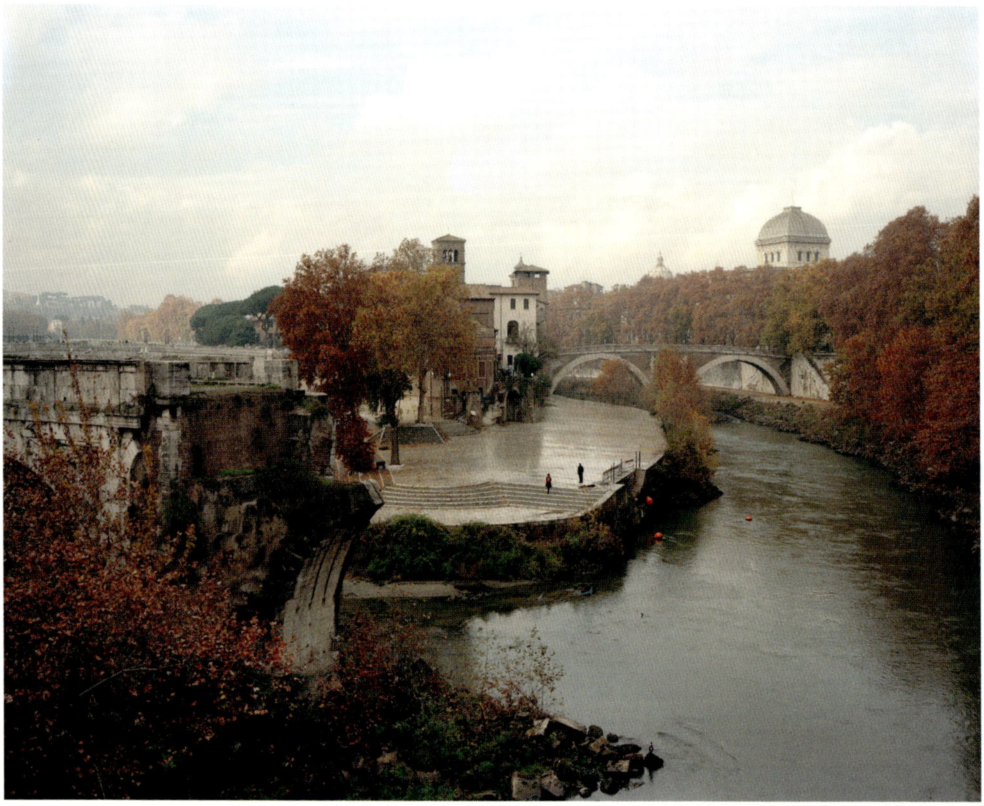

Gabriele Basilico

Ponte Matteotti, Roma, 2007
pure pigment print / stampa a pigmento puro,
31.5 x 39.4 in. / 80 x 100 cm
courtesy Gabriele Basilico

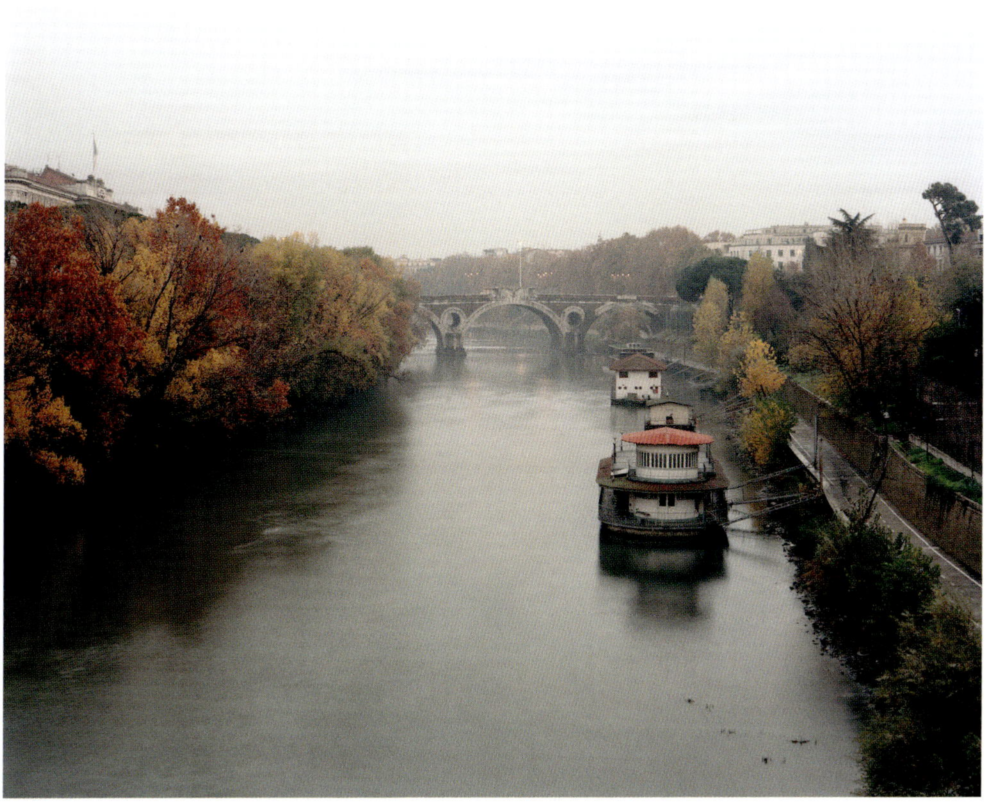

Gabriele Basilico (Milano, 1944)
One of the most famous European photoreporters, he lives in Milan. Deeply interested in landscapes and architectural photography, his favorite subjects are industrial and urban areas.

Vive a Milano, è uno dei più noti documentaristi europei. Privilegia il paesaggio industriale e le aree urbane, paesaggi e architettura.

Giacomo Leopardi

L'Infinito

Sempre caro mi fu quest'ermo colle,
e questa siepe, che da tanta parte
dell'ultimo orizzonte il guardo esclude. (vv. 1-3)

The Infinite

Always to me beloved was this lonely hillside
And the hedgerow creeping over and always hiding
The distances, the horizon's furthest reaches. (v. 1–3)

Written in 1819 at Recanati and published for the first time in *Canti*, Editore Saverio Starita, Naples 1835.
Translation by Henry Reed in *Listener* 43, no. 1113 (May 25, 1950), p. 924.
Scritta nel 1819 a Recanati e pubblicata per la prima volta nei *Canti*, Editore Saverio Starita, Napoli 1835.
Traduzione a cura di Henry Reed in *Listener* 43, no. 1113 (25 Maggio 1950), p. 924.

Gianni Berengo Gardin

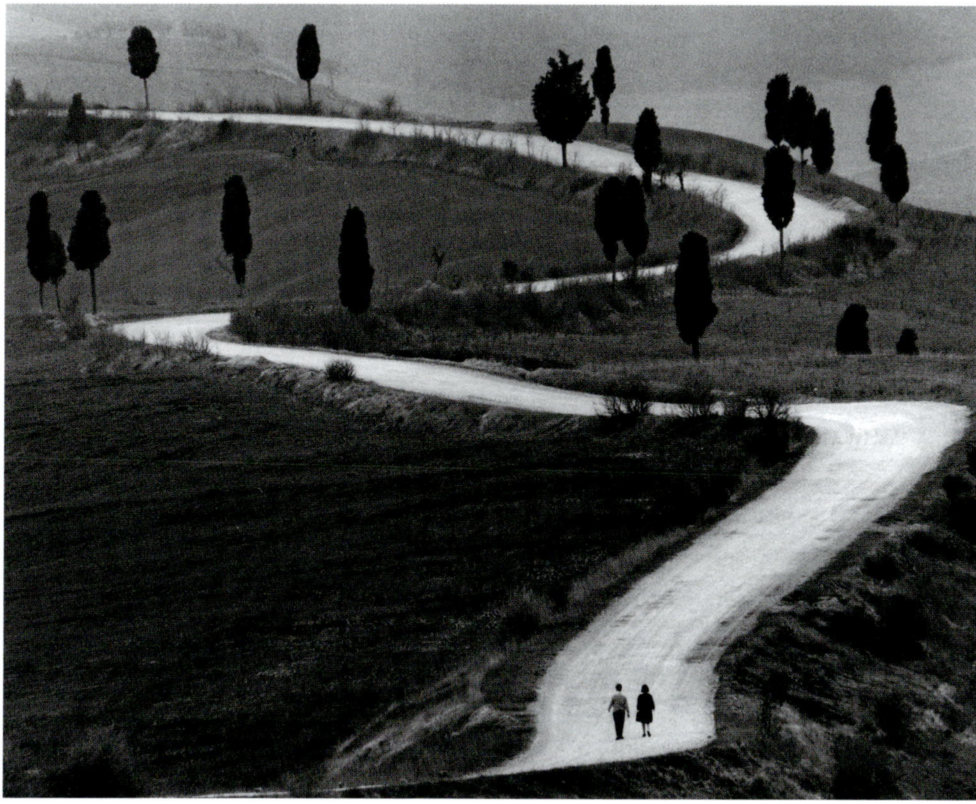

Gianni Berengo Gardin

Toscana, 1965
silver gelatin on fiber paper / sali d'argento su carta baritata, 11.8 x 15.75 in. / 30 x 40 cm

Lido di Venezia, 1959
silver gelatin on fiber paper / sali d'argento su carta baritata, 11.8 x 15.75 in. / 30 x 40 cm

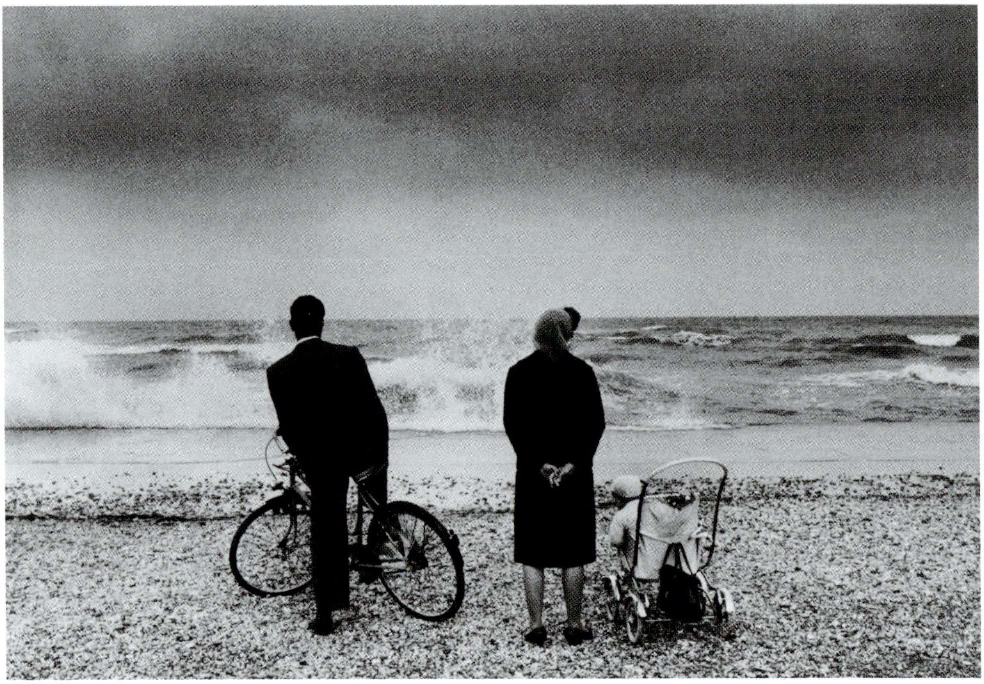

Gianni Berengo Gardin

Oriolo Romano (Roma), 1959
silver gelatin on fiber paper / sali d'argento su carta baritata, 11.8 x 15.75 in. / 30 x 40 cm

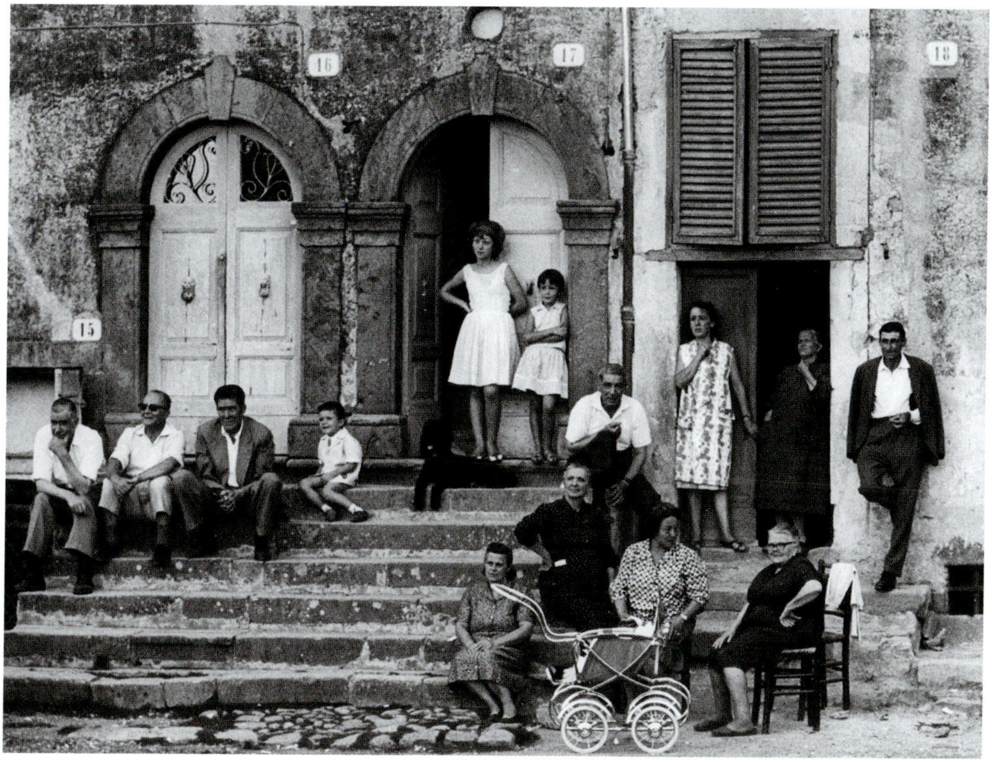

Gianni Berengo Gardin
(Santa Margherita Ligure, 1930)
He lives in Milan. The artist uses only black-and-white film, rendering all his images raw, exactly as he shot them. Some modifications can make them more beautiful but they would no longer be true.

Vive a Milano. Utilizza quasi esclusivamente il bianco e nero e lascia tutte le immagini come le ha scattate. Modificarle le renderebbe forse più belle ma non più fedeli alla realtà.

Pier Paolo Pasolini

Supplica a mia madre

È difficile dire con parole di figlio
ciò a cui nel cuore ben poco assomiglio.
Tu sei la sola al mondo che sa, del mio cuore,
ciò che è stato sempre, prima d'ogni altro amore.
Per questo devo dirti ciò ch'è orrendo conoscere:
è dentro la tua grazia che nasce la mia angoscia.
Sei insostituibile. Per questo è dannata
alla solitudine la vita che mi hai data.
E non voglio esser solo. Ho un'infinita fame
d'amore, dell'amore di corpi senza anima.
Perché l'anima è in te, sei tu, ma tu
sei mia madre e il tuo amore è la mia schiavitù:
ho passato l'infanzia schiavo di questo senso
alto, irrimediabile, di un impegno immenso.
Era l'unico modo per sentire la vita,
l'unica tinta, l'unica forma: ora è finita.
Sopravviviamo: ed è la confusione
di una vita rinata fuori dalla ragione.
Ti supplico, ah, ti supplico: non voler morire.
Sono qui, solo, con te, in un futuro aprile...

Prayer to my mother

It's so hard to say in a son's words
what I'm so little like in my heart.
Only you in all the world know what my
heart always held, before any other love.
So, I must tell you something terrible to know:
From within your kindness my anguish grew.
You're irreplaceable. And because you are,
the life you gave me is condemned to loneliness.
And I don't want to be alone. I have an infinite
hunger for love, love of bodies without souls.
For the soul is inside you, it is you, but
you're my mother and your love's my slavery:
My childhood I lived a slave to this lofty
incurable sense of an immense obligation.
It was the only way to feel life,
the unique form, sole color; now, it's over.
We survive, in the confusion
of a life reborn outside reason.
I pray you, oh, I pray: Do not hope to die.
I'm here, alone, with you, in a future April...

Published for the first time in *Poesia in forma di rosa*, Garzanti, Milan 1964 (© Garzanti Editore spa, 1964, 1976).
(Pier Paolo Pasolini, *Poesia in forma di rosa*, Garzanti, Milan 2001; © 1999, 2001 Garzanti Libri spa).
Translation by Norman Macafee and L. Martinengo, in *Poems. Pier Paolo Pasolini*, Farrar, Straus and Giroux, New York 1996.
Pubblicata per la prima volta in *Poesia in forma di rosa*, Garzanti, Milano 1964 (© Garzanti Editore spa, 1964, 1976).
(Pier Paolo Pasolini, *Poesia in forma di rosa*, Garzanti, Milano 2001; © 1999, 2001 Garzanti Libri spa).
Traduzione a cura di Norman Macafee e L. Martinengo, in *Poems. Pier Paolo Pasolini*, Farrar, Straus and Giroux, New York 1996.

Mario Cresci

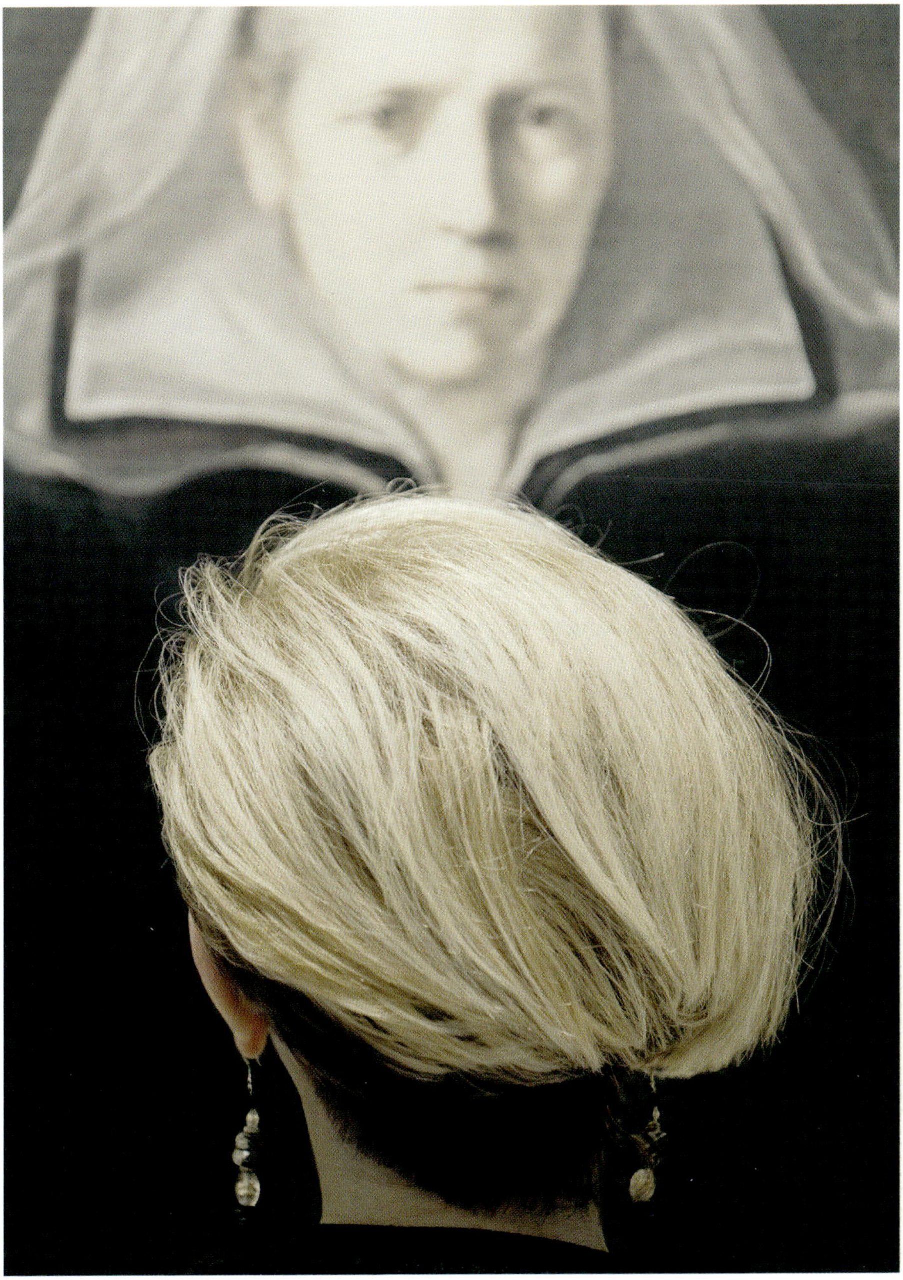

Mario Cresci

pp. 33, 34
From the series / Dalla serie "Attraverso l'arte",
Pinacoteca Nazionale di Bologna, 2010
digital print on cotton paper, fine-art / stampa digitale su carta cotone fine-art, 31.5 x 24.8 in. / 80 x 63 cm

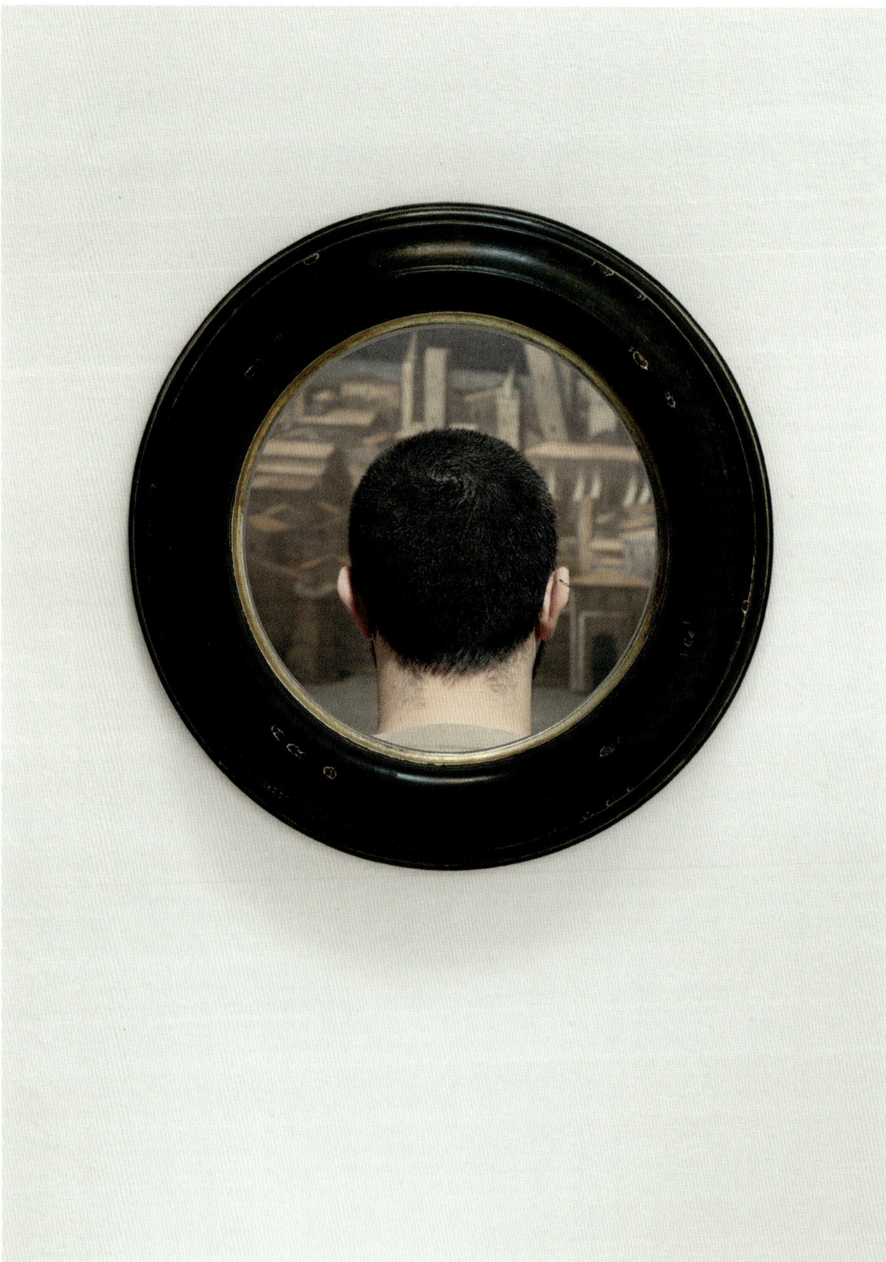

Mario Cresci

From the series / Dalla serie "Interni", *Barbarano Romano*, 1978
vintage photo printing silver gelatin on fiber paper / vintage: stampa fotografica ai sali d'argento su carta baritata, 15.75 x 11.8 in. / 40 x 30 cm

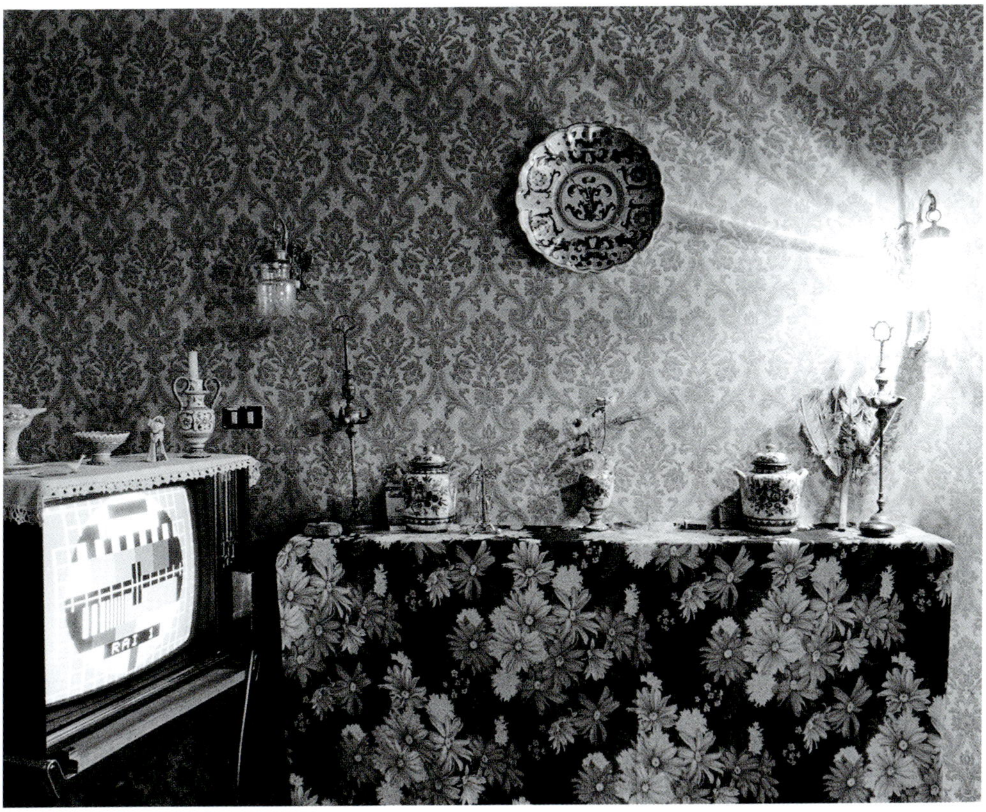

Mario Cresci (Chiavari, 1942)
Lives in Bergamo. From the 1960s onwards, Cresci has created eclectic works characterized by a liberal approach that encompasses design, photography, video, and installation art.

Vive a Bergamo. Fin dagli anni sessanta è autore di opere eclettiche caratterizzate da una libertà di ricerca che attraversa il disegno, la fotografia, l'esperienza video, le installazioni.

Giuseppe Ungaretti

Mattina

M'illumino
d'immenso (vv. 1-2)

Morning

I flood myself with the light
of the immense (v. 1–2)

Written in 1917, published for the first time in the collection *L'Allegria* (1919).
(Giuseppe Ungaretti, *Vita d'un uomo. Tutte le poesie* (new edition), Mondadori, Milan 2009).
Translation by Andrew Frisardi, in Giuseppe Ungaretti, *Selected Poems*, Carcanet Press, Manchester 2003.
Scritta nel 1917, pubblicata per la prima volta nella raccolta *L'Allegria* (1919).
(Giuseppe Ungaretti, *Vita d'un uomo. Tutte le poesie* (nuova edizione), Mondadori, Milano 2009).
Traduzione a cura di Andrew Frisardi, in Giuseppe Ungaretti, *Selected Poems*, Carcanet Press, Manchester 2003.

Renato D'Agostin

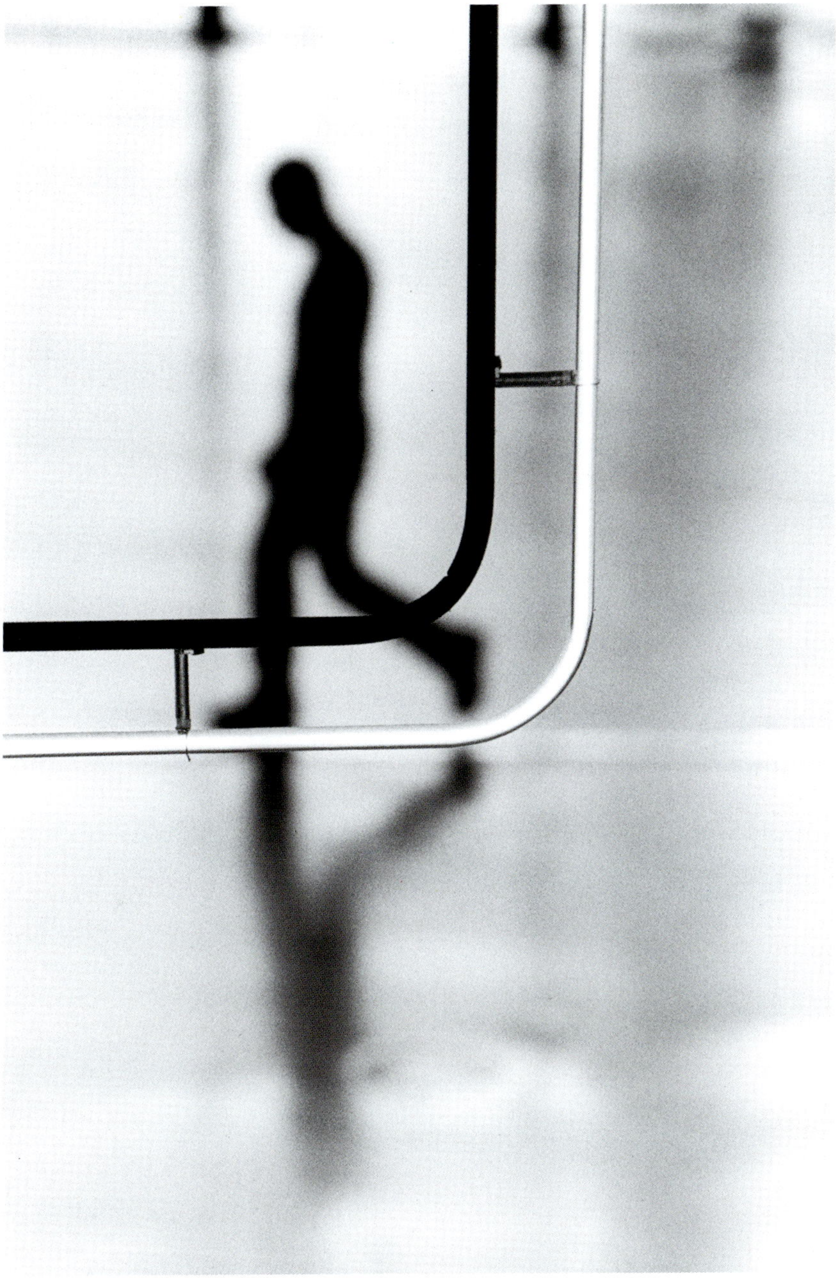

Renato D'Agostin

From the project / Dal progetto "Metropolis",
Paris, 2005
silver gelatin print / stampa ai sali d'argento,
12 x 16 in. / 30 x 40 cm

From the project / Dal progetto "Tokyo Untitled",
Tokyo, 2009
silver gelatin print / stampa ai sali d'argento,
12 x 16 in. / 30 x 40 cm

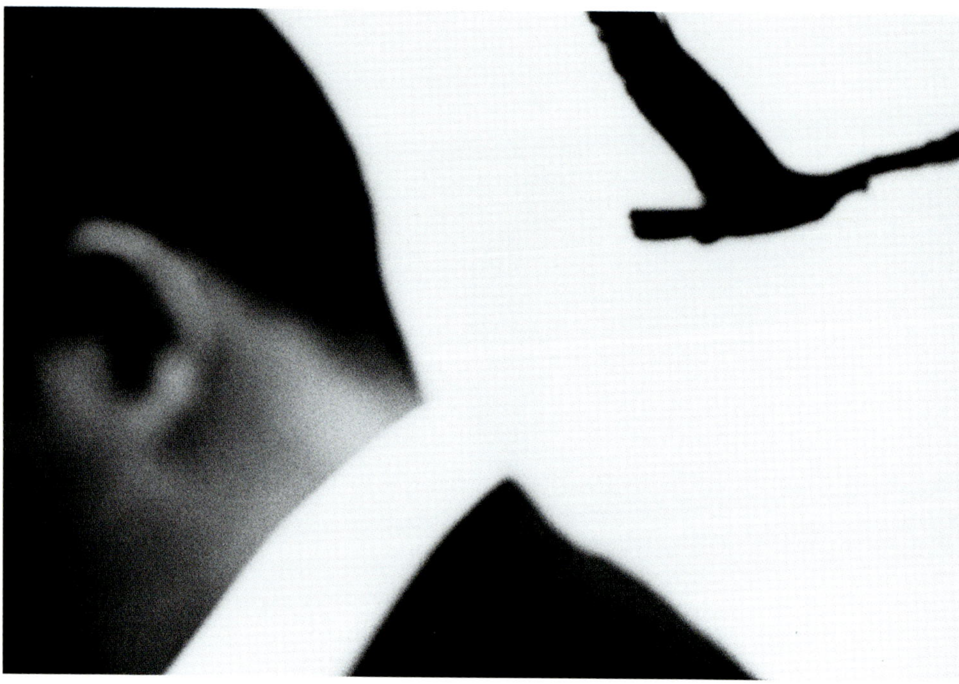

Renato D'Agostin

From the project / Dal progetto "Metropolis",
Paris, 2006
silver gelatin print / stampa ai sali d'argento,
12 x 16 in. / 30 x 40 cm

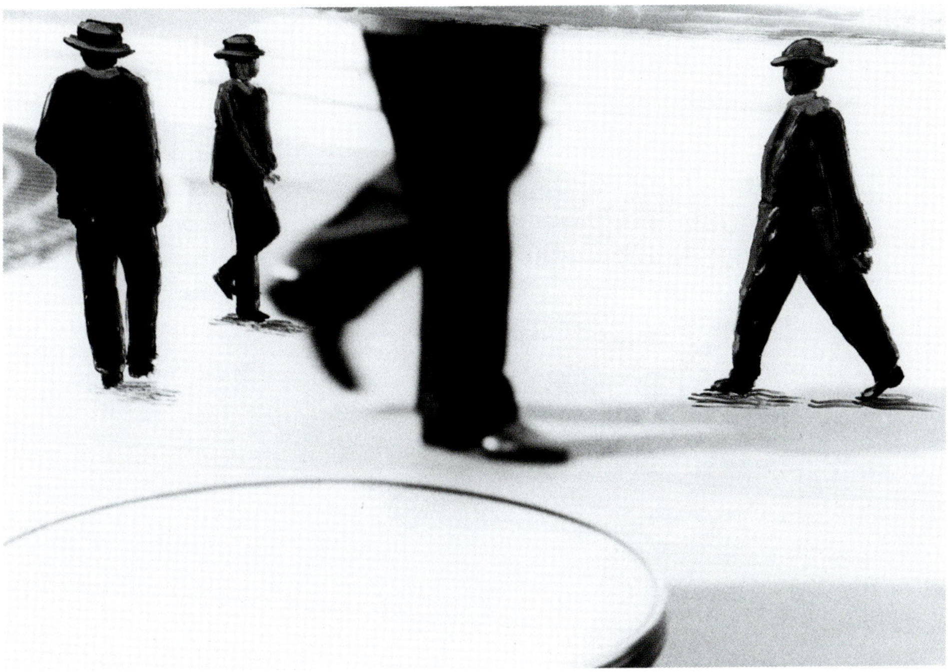

Renato D'Agostin (Venezia, 1983)
He has lived in New York since 2006. Dislocating subjects from their realities, he depicts his perception of the space around him, the relationship between the architecture and people.

Vive a New York dal 2006. Soggetti lontani dalla realtà descrivono la sua percezione dello spazio circostante, la relazione tra l'architettura e l'uomo.

Salvatore Quasimodo

Ed è subito sera

Ognuno sta solo sul cuor della terra
trafitto da un raggio di sole:
ed è subito sera. (vv. 1-3)

And suddenly it's evening

Everyone stands alone at the heart of the world,
pierced by a ray of sunlight:
and suddenly it's evening. (v. 1–3)

Written in 1930 and published in the collection *Acque e terre*, Solaria, Florence 1930.
(Salvatore Quasimodo, *Poesie e discorsi sulla poesia*, Mondadori, Milano 1971).
Translation by Robin Healey in *Twentieth-century Italian Literature: An Annotated Bibliography 1929–1997,* University of Toronto Press, Toronto 1998.
Scritta nel 1930 e pubblicata nella raccolta *Acque e terre*, Solaria, Firenze 1930.
(Salvatore Quasimodo, *Poesie e discorsi sulla poesia*, Mondadori, Milano 1971).
Traduzione a cura di Robin Healey in *Twentieth century Italian Literature: An Annotated Bibliography 1929-1997,* University of Toronto Press, Toronto 1998.

Andrea Galvani

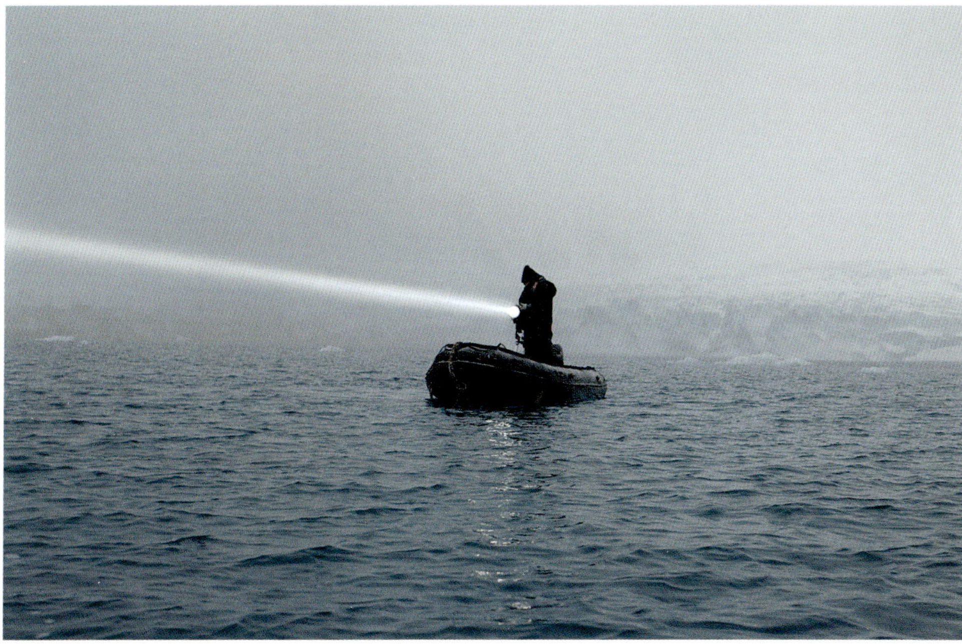

Andrea Galvani

Higgs Ocean #6, 2009
c-print mounted on aluminum Dibond, / c-print montata su un dittico di alluminio Dibond,
29.5 x 45.7 in. / 75 x 116 cm
courtesy Andrea Galvani, Meulensteen Gallery, New York and / e Artericambi Italy

Higgs Ocean #8, 2009
c-print mounted on aluminum Dibond, / c-print montata su un dittico di alluminio Dibond,
29.5 x 45.7 in. / 75 x 116 cm
edition of / edizione di 5
courtesy Andrea Galvani, Meulensteen Gallery, New York and / e Artericambi Italy

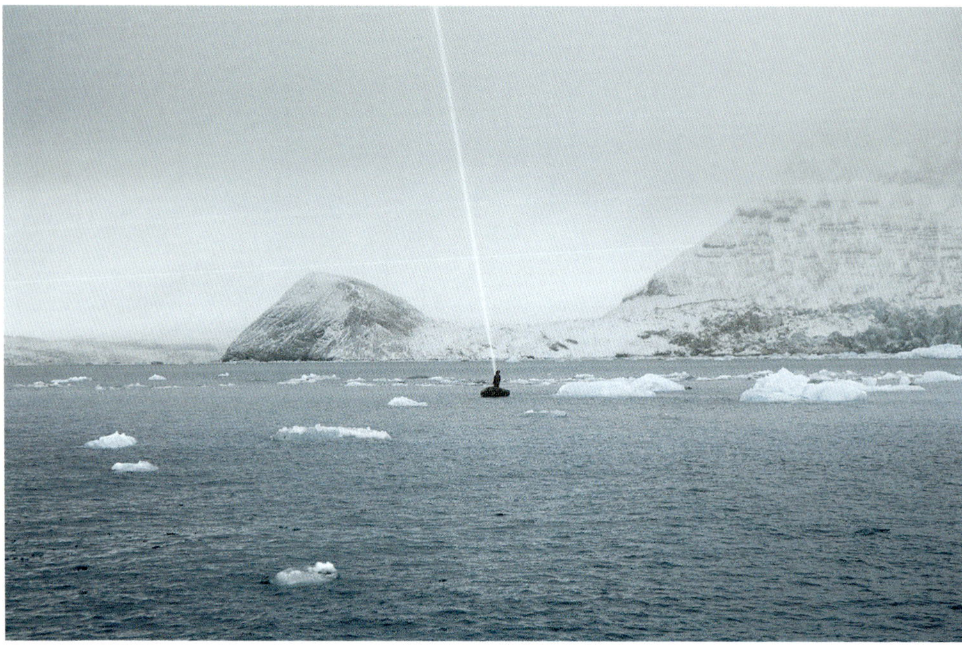

Andrea Galvani

Higgs Ocean #1, 2009
c-print mounted on aluminum Dibond, / c-print montata su un dittico di alluminio Dibond,
38.6 x 50.4 inches / 98 x 128 cm
courtesy Andrea Galvani, Meulensteen Gallery, New York and / e Artericambi Italy

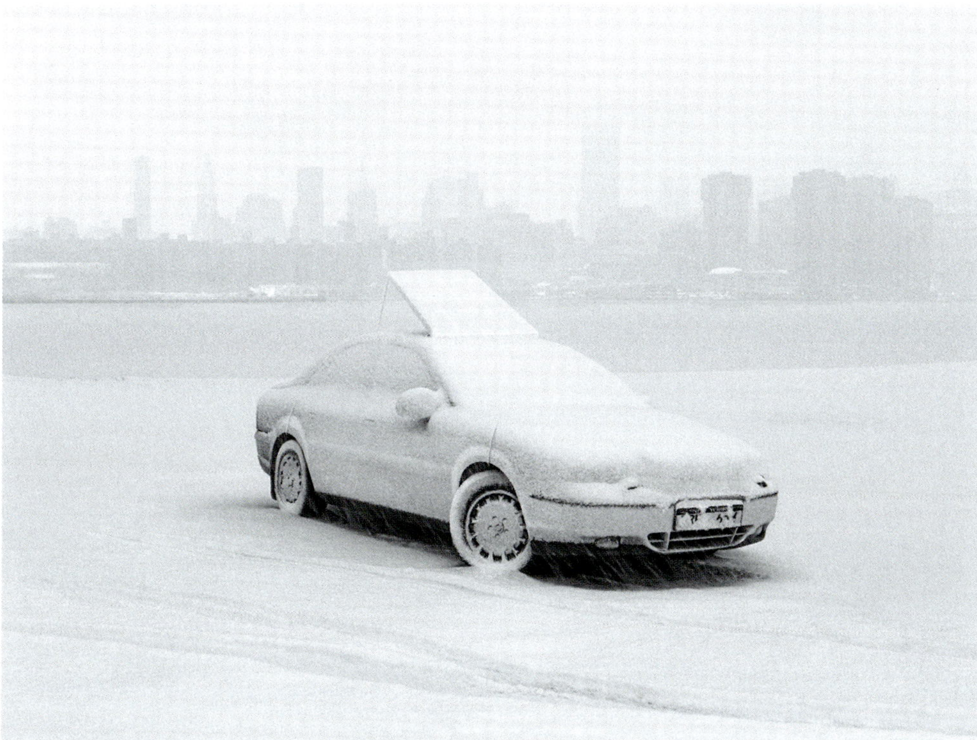

Andrea Galvani (Verona, 1973)
Lives in New York. Galvani's research favors the photographic medium but frequently draws on other modes of expression, often assuming scientific elements and methodologies. His photographs document physical actions, temporary installations, or phenomena lasting only a few seconds.

Vive a New York. La sua ricerca predilige il mezzo fotografico ma si avvale frequentemente di altri linguaggi assumendo spesso aspetti e metodologie di carattere scientifico. Le sue fotografie sono documentazioni di azioni fisiche, installazioni precarie o fenomeni della durata di pochi secondi.

Amelia Rosselli

Poesia dedicata a Spatola

Sentendo morire la dolce tirannia io ti richiamo
sirena volenterosa - ma il viso disfatto di un chiaro prevedere
altre colpe e docili obbedienze mi promuove cretine
speranze. (vv. 9-12)

Poem dedicated to Spatola

Sensing sweet tyranny die I recall you,
eager siren—but the face stripped of a lucid prediction
of other faults and docile submissions promotes idiot
hopes in me. (v. 9–12)

Written in 1963 and dedicated to the poet Adriano Spatola, published for the first time in *Palermo '63* (conference acts).
(Amelia Rosselli, *Le poesie*, Garzanti, Milan 1997).
Translation by Jennifer Scappettone in *Locomotrix: Selected Poetry and Prose of Amelia. Rosselli. A bilingual edition*, The University of Chicago Press, Chicago 2012.
Scritta nel 1963 e dedicata al poeta Adriano Spatola, pubblicata per la prima volta in *Palermo '63* (atti di convegno).
(Amelia Rosselli, *Le poesie*, Garzanti, Milano 1997).
Traduzione a cura di Jennifer Scappettone in *Locomotrix: Selected Poetry and Prose of Amelia. Rosselli. A bilingual edition*, The University of Chicago Press, Chicago, 2012.

Luigi Ghirri

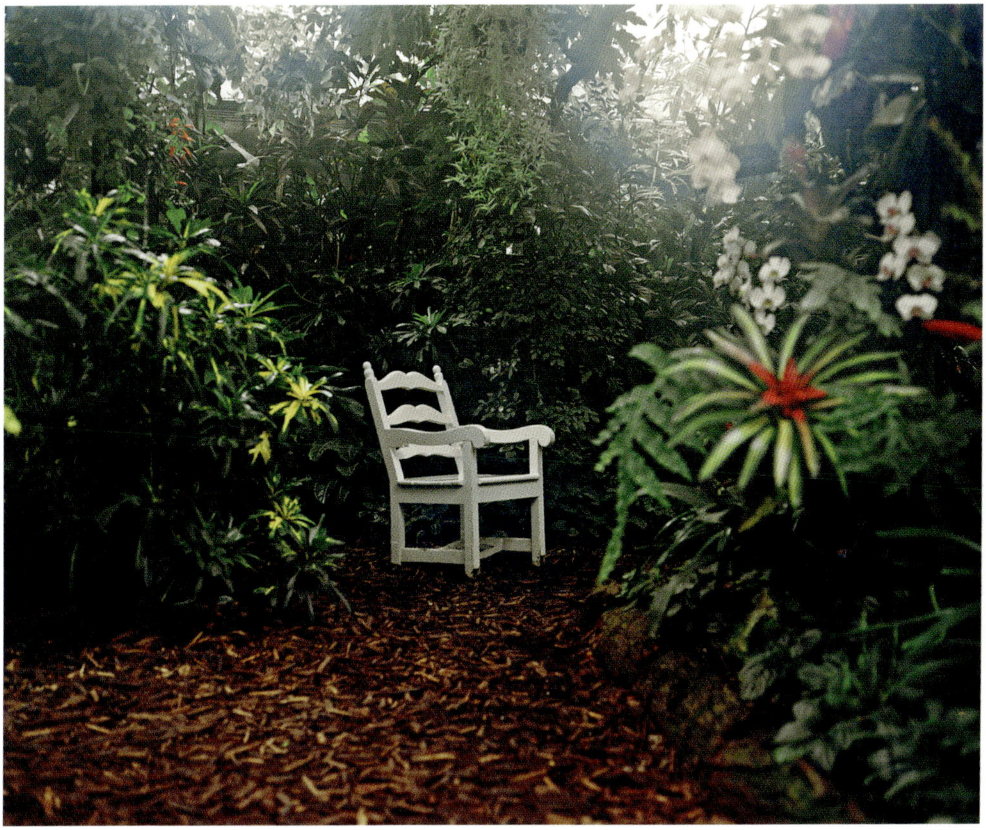

Luigi Ghirri

Vienna, 1984
print from original slide / stampa da diapositiva originale, 2.35 x 2.75 in. / 6 x 7 cm

Verso Lagosanto, 1989
print from original negative / stampa da negativo originale, 1.75 x 2.35 in. / 4,5 x 6 cm

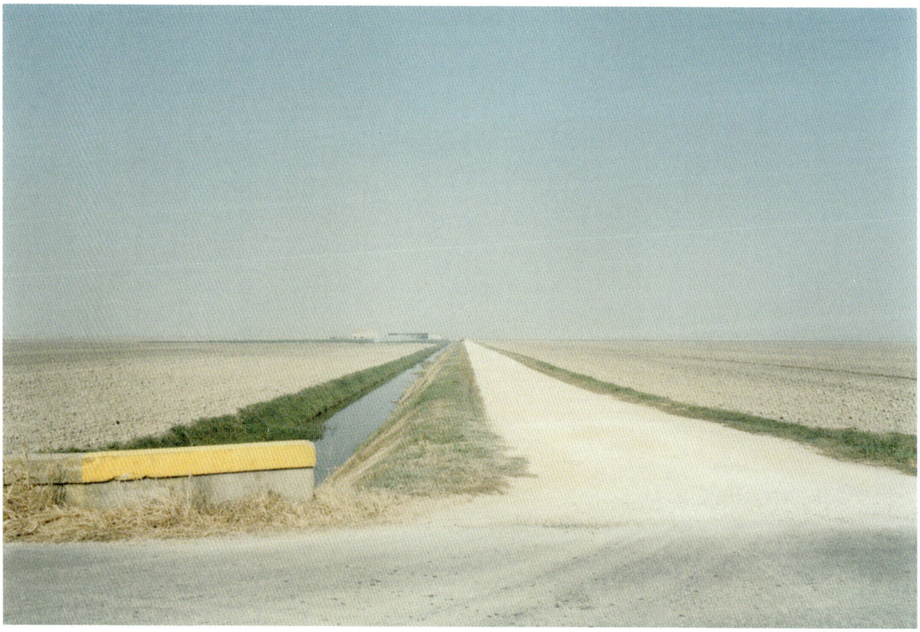

Luigi Ghirri

Ingresso casa colonica, Formigine, 1985
print from original negative / stampa da negativo originale, 1.75 x 2.35 in. / 4,5 x 6 cm

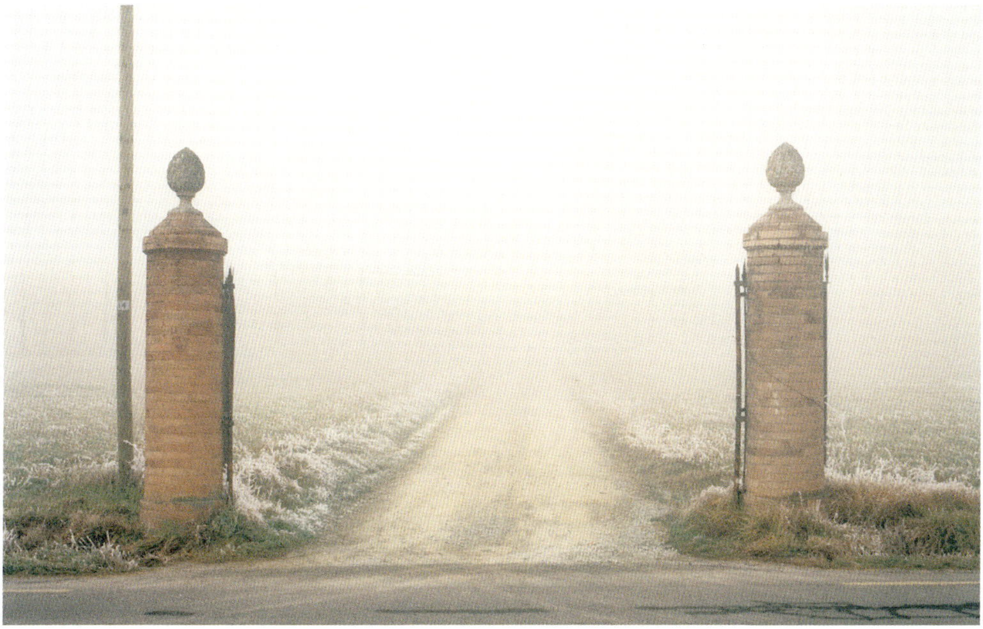

Luigi Ghirri (Scandiano, 1943 – Roncocesi, 1992)
His images are suspended, not realistic, in some ways metaphysical, often without human beings but never lacking of the human intervention on the landscape.

Le sue immagini sono sospese, non realistiche per certi versi metafisiche, spesso prive di figure umane ma mai vuote dell'intervento dell'uomo sul paesaggio.

Cesare Pavese

I mattini passano chiari

È buio il mattino che passa
senza la luce dei tuoi occhi. (vv. 20-21)

With no light from your eyes
morning is dark, (v. 20–21)

Published for the first time in the post-humous collection *Verrà la morte e avrà i tuoi occhi*, Einaudi, Turin 1951.
(Cesare Pavese, *Verrà la morte e avrà i tuoi occhi*, Einaudi, Turin 1966, eighth edition).
Translation by Geoffrey Brock, published in Cesare Pavese, *Disaffection: Complete Poems 1930–1950*, Copper Canyon Press, Port Townsend 2002.
Pubblicata per la prima volta nella raccolta postuma *Verrà la morte e avrà i tuoi occhi*, Einaudi, Torino 1951.
(Cesare Pavese, *Verrà la morte e avrà i tuoi occhi*, Einaudi, Torino 1966, ottava edizione).
Traduzione di Geoffrey Brock, pubblicata in Cesare Pavese, *Disaffection: Complete Poems 1930–1950*, Copper Canyon Press, Port Townsend 2002.

Mimmo Jodice

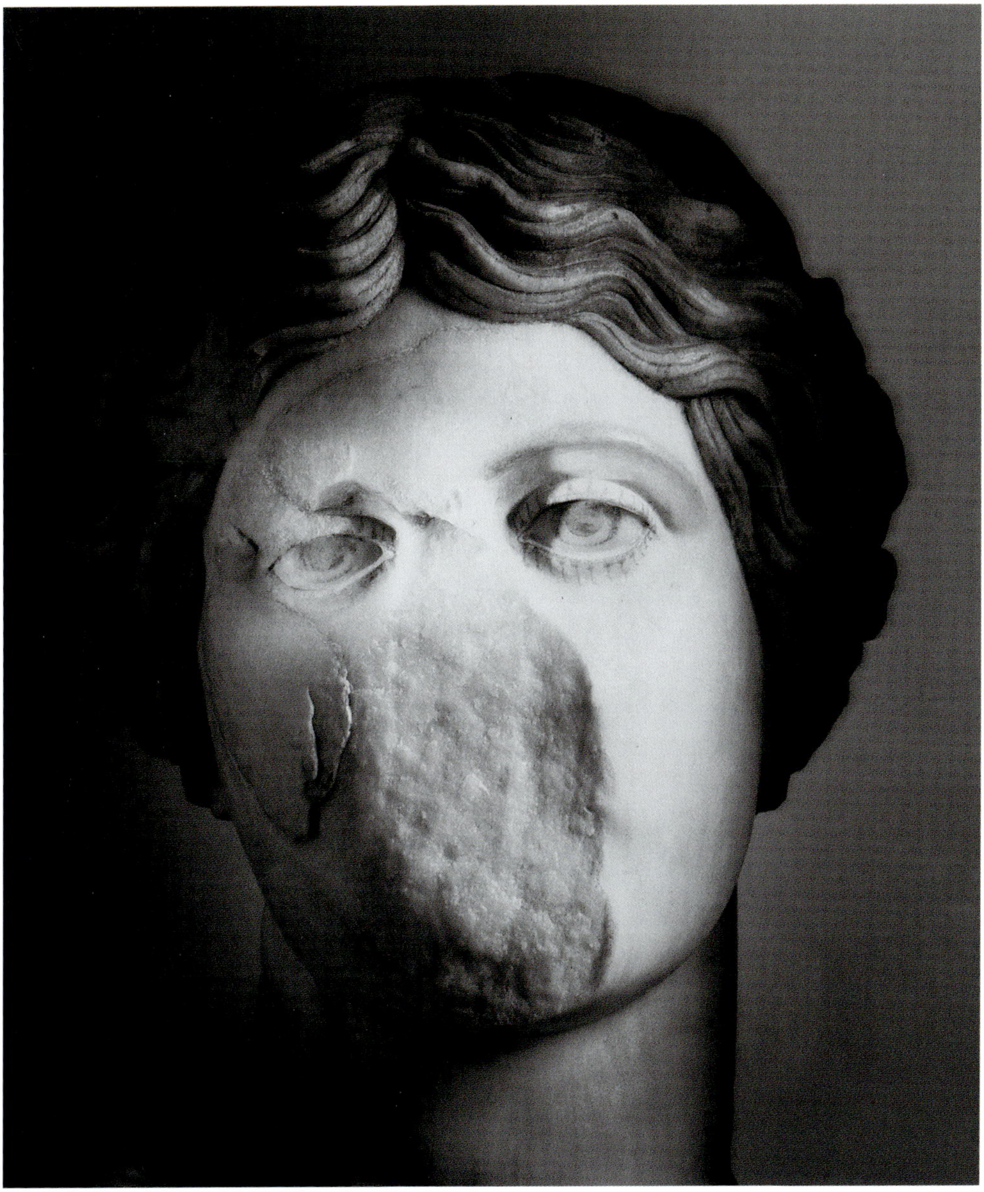

Mimmo Jodice

Amazzone da Ercolano, 2007
artist print silver bromide on baryta paper / stampa dell'artista al bromuro d'argento su carta baritata, 19.7 x 23.6 in. / 50 x 60 cm

Pietra, Tomba del Soldato romano, 1993
artist print silver bromide on baryta paper / stampa dell'artista al bromuro d'argento su carta baritata, 19.7 x 23.6 in. / 50 x 60 cm

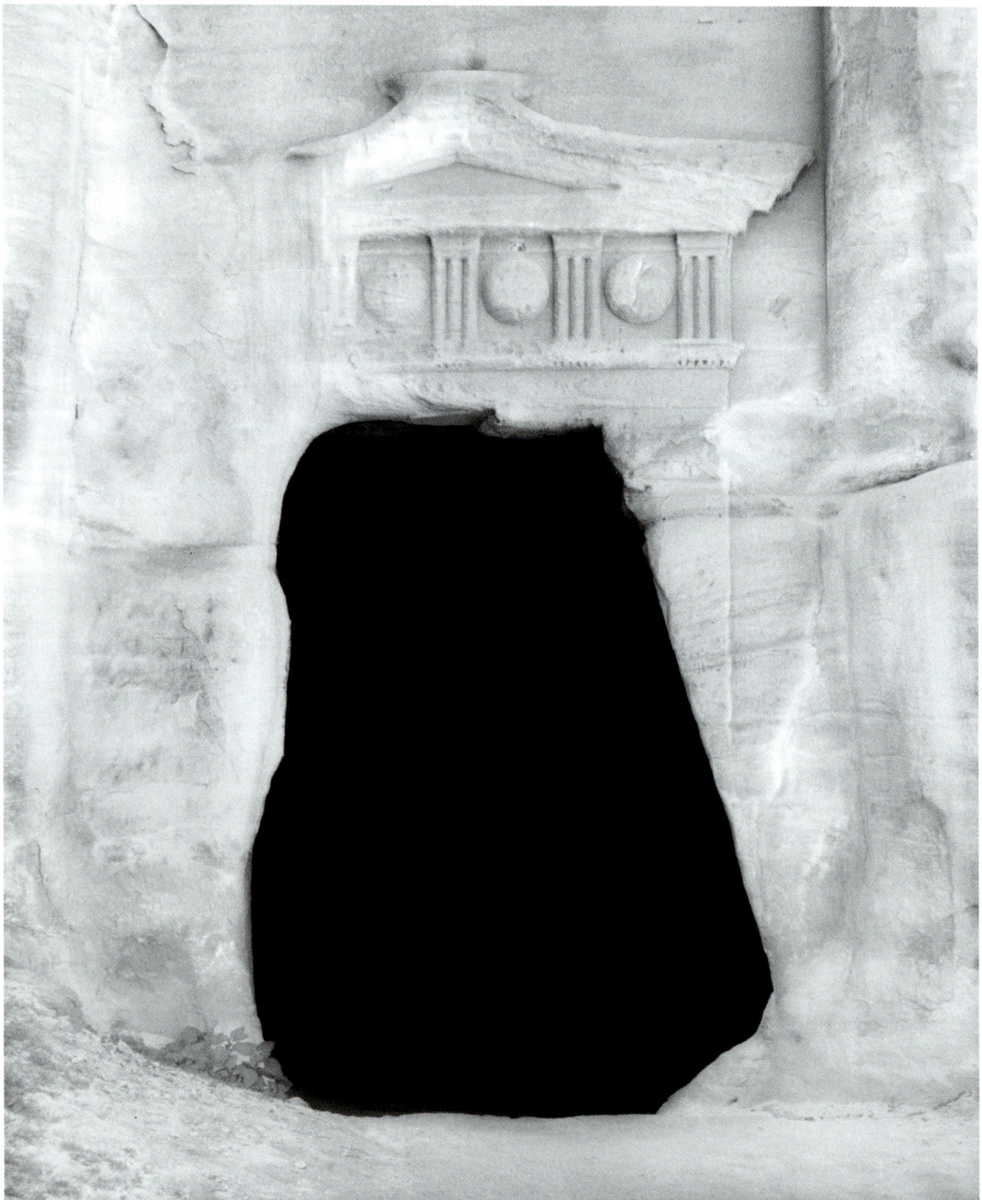

Mimmo Jodice

Ercolano, Atleta dalla villa dei papiri, 1986
artist print silver bromide on baryta paper /
stampa dell'artista al bromuro d'argento su carta
baritata, 19.7 x 23.6 in. / 50 x 60 cm

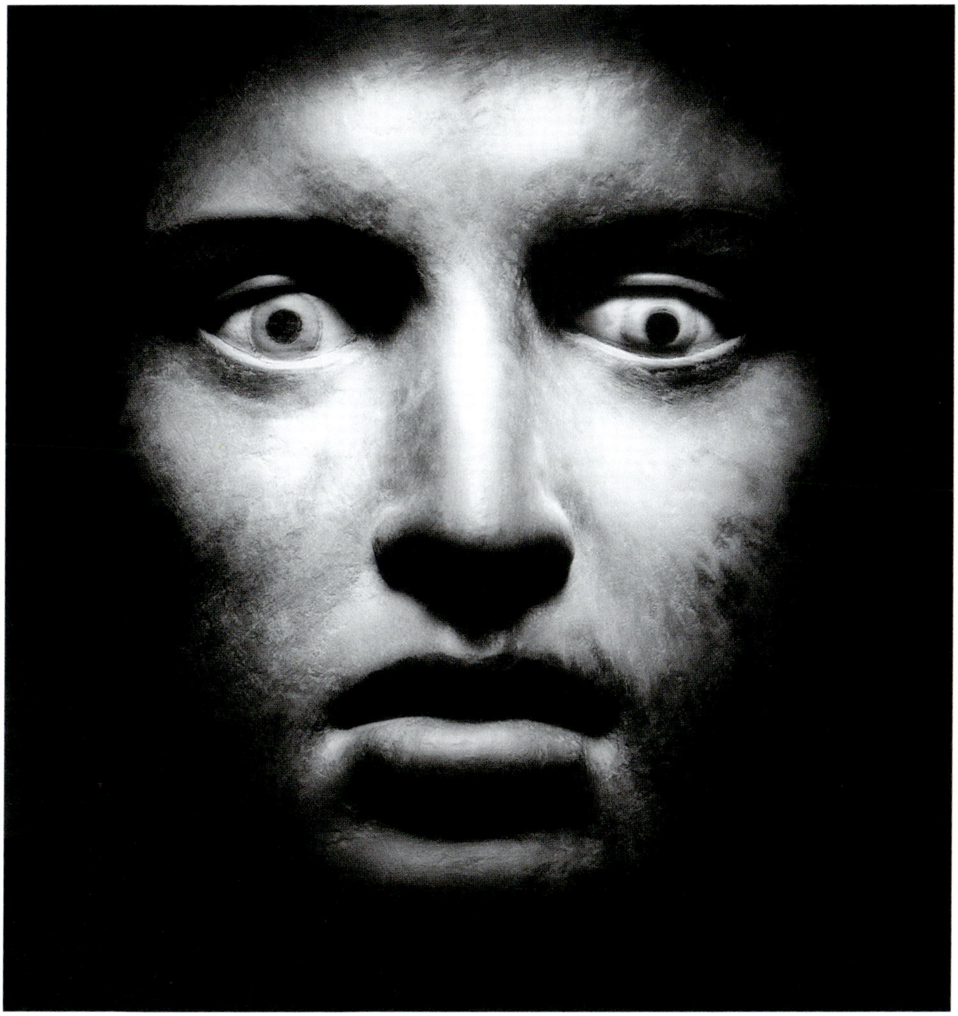

Mimmo Jodice (Napoli, 1934)
Lives in Naples. One of the best-known names in Italian photography and a narrator of memory and landscape, Jodice's photos live immersed in a silent, metaphysical dimension.

Vive a Napoli. Uno dei nomi più noti della fotografia italiana. Narratore della memoria e del paesaggio, le sue foto vivono immerse in una dimensione metafisica e silente.

Mario Luzi

Prima notte di primavera

Porto la mano sulla fitta, ascolto.
Prima notte di primavera, gonfia
e lacera tra l'avvenire e l'essere. (vv. 14-16)

First night of spring

My hand is on the stitch of pain, I'm listening.
First night of spring, swelling
and lacerating, between becoming and being. (v. 14–16)

Written in 1965, published in the collection *Dal fondo delle campagne*, Einaudi, Turin 1965.
(Mario Luzi, *Dal fondo delle campagne*, Einaudi, Turin 1965, third edition).
Translation by Nick Benson at http://strayshot.blogspot.it/
Scritta nel 1965, pubblicata nella raccolta *Dal fondo delle campagne*, Einaudi, Torino 1965.
(Mario Luzi, *Dal fondo delle campagne*, Einaudi, Torino 1965, terza edizione).
Traduzione a cura di Nick Benson in http://strayshot.blogspot.it/

Nino Migliori

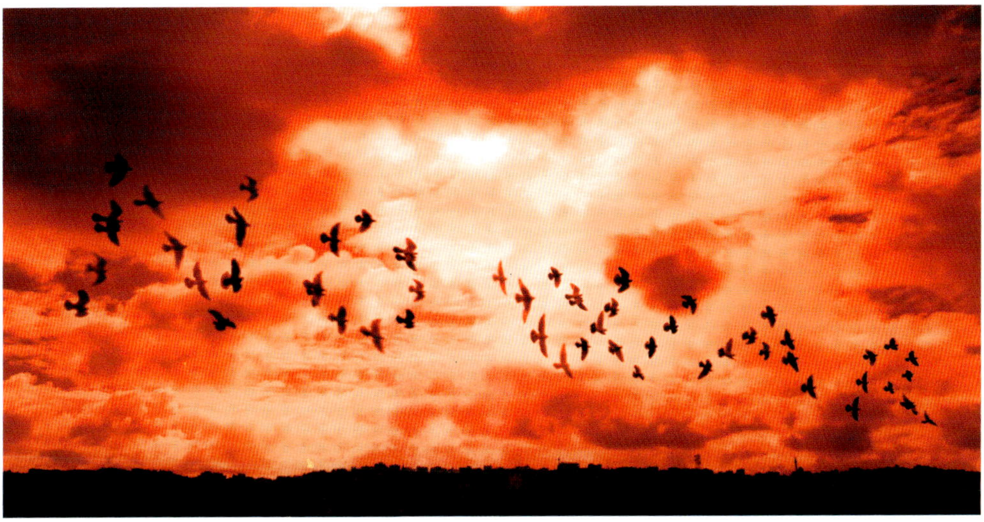

Nino Migliori

No War, 2003
pure pigment print on 100% cotton paper /
stampa ai pigmenti su carta 100% cotone,
31.5 x 21.6 in. / 80 x 55 cm

From / Da "Muri", 1973
pure pigment print on 100% cotton paper /
stampa ai pigmenti su carta 100% cotone,
19.7 x 14.2 in. / 36 x 50 cm

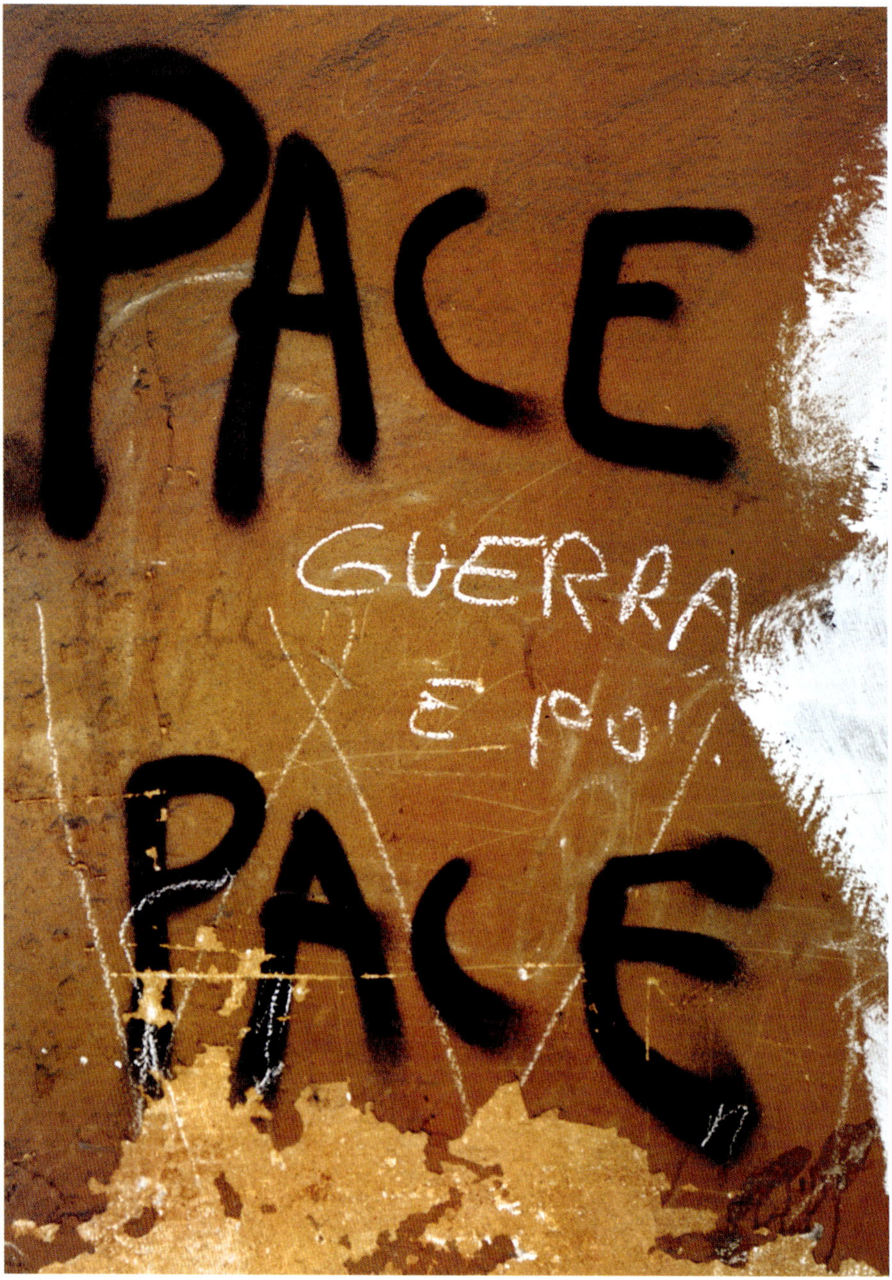

Nino Migliori

Insulto, 1955
pure pigment print on 100% cotton paper /
stampa ai pigmenti su carta 100% cotone,
19.7 x 14.2 in. / 36 x 50 cm

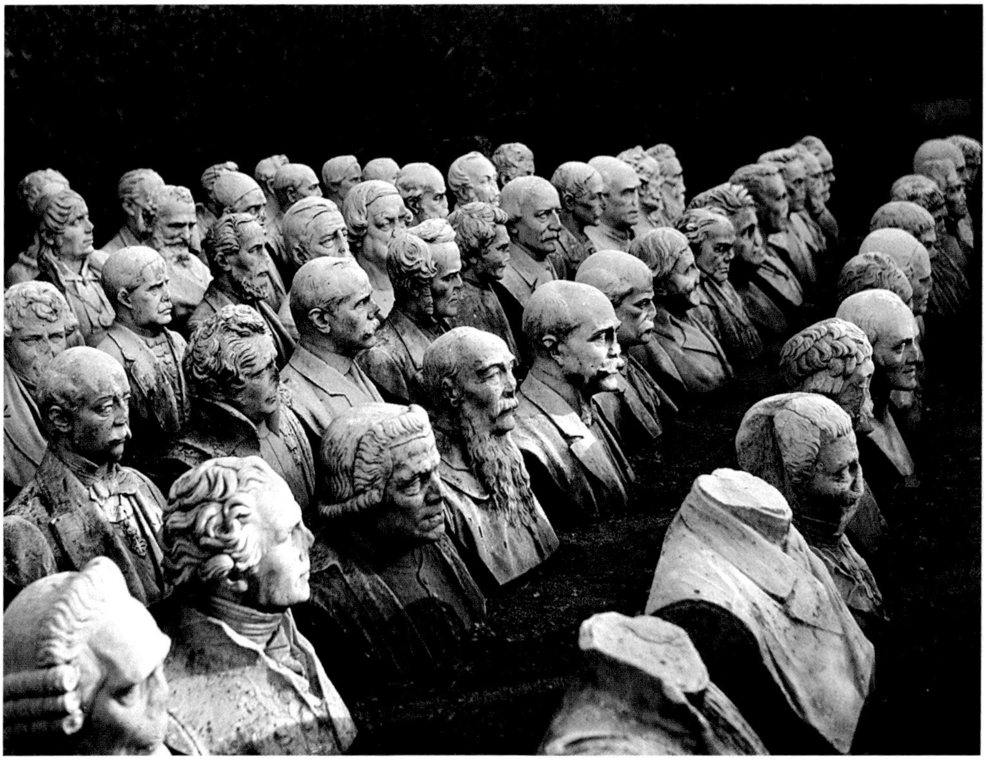

Nino Migliori (Bologna, 1926)
He lives in Bologn and has one of the most popular and interesting careers of European image culture. Migliori is an abstract expressionist photographer.

Vive a Bologna, svolge uno dei percorsi più estesi ed interessanti della cultura d'immagine europea. Fotografo espressionista astratto.

Ugo Foscolo

Alla sera

Vagar mi fai co' miei pensier su l'orme
che vanno al nulla eterno; e intanto fugge
questo reo tempo, e van con lui le torme
Delle cure onde meco egli si strugge;
e mentre io guardo la tua pace, dorme
Quello spirto guerrier ch'entro mi rugge. (vv. 9-14)

To evening

You set me and my thoughts a-wandering
along the path to the eternal void; and then
this wretched time flees, and with it
the throng of woes afflicting it and me;
and while I behold your peacefulness, that warlike
spirit that rages within me sleeps. (v. 9–14)

Written in 1803, published in *Poesie*, 1803.
Translation by Allen Shearer, 2010.
Scritta nel 1803, pubblicata in *Poesie*, 1803.
Traduzione a cura di Allen Shearer, 2010.

Francesco Nonino

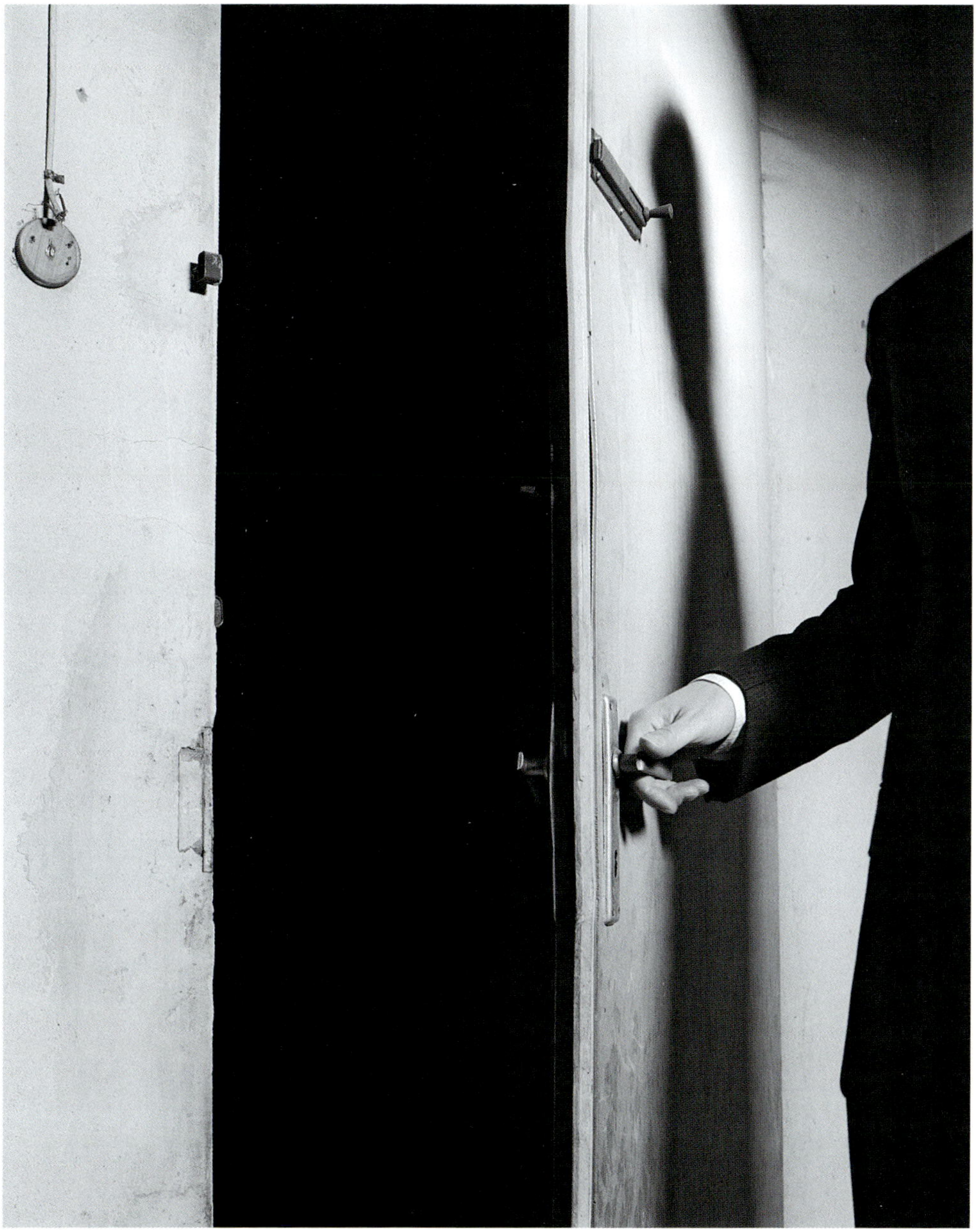

Francesco Nonino

Come se la vergogna, 2010
silver bromide gelatin print / stampa alla gelatina bromuro d'argento, 15.7 x 11.8 in. / 40 x 30 cm

Atmospheres. Cirrus fibratus, Cumulus mediocris (Udine), 1989
silver bromide gelatin print / stampa alla gelatina bromuro d'argento, 15.7 x 22.8 in. / 40 x 58 cm

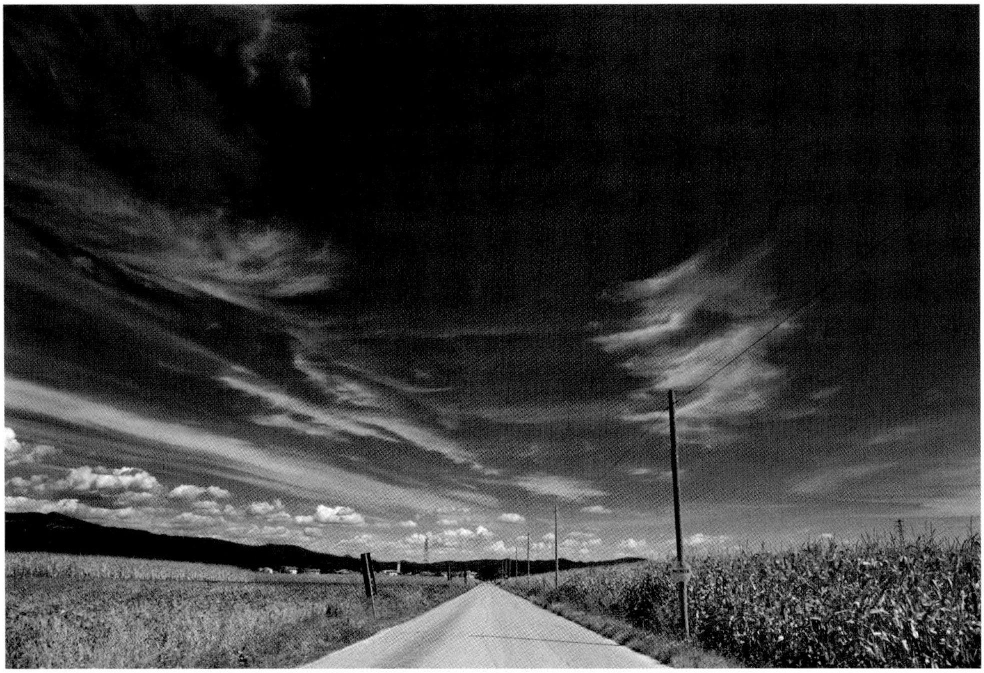

Francesco Nonino

Luxinterior, 1997
silver bromide gelatin print / stampa alla gelatina bromuro d'argento, 15.7 x 22.8 in. / 40 x 50 cm

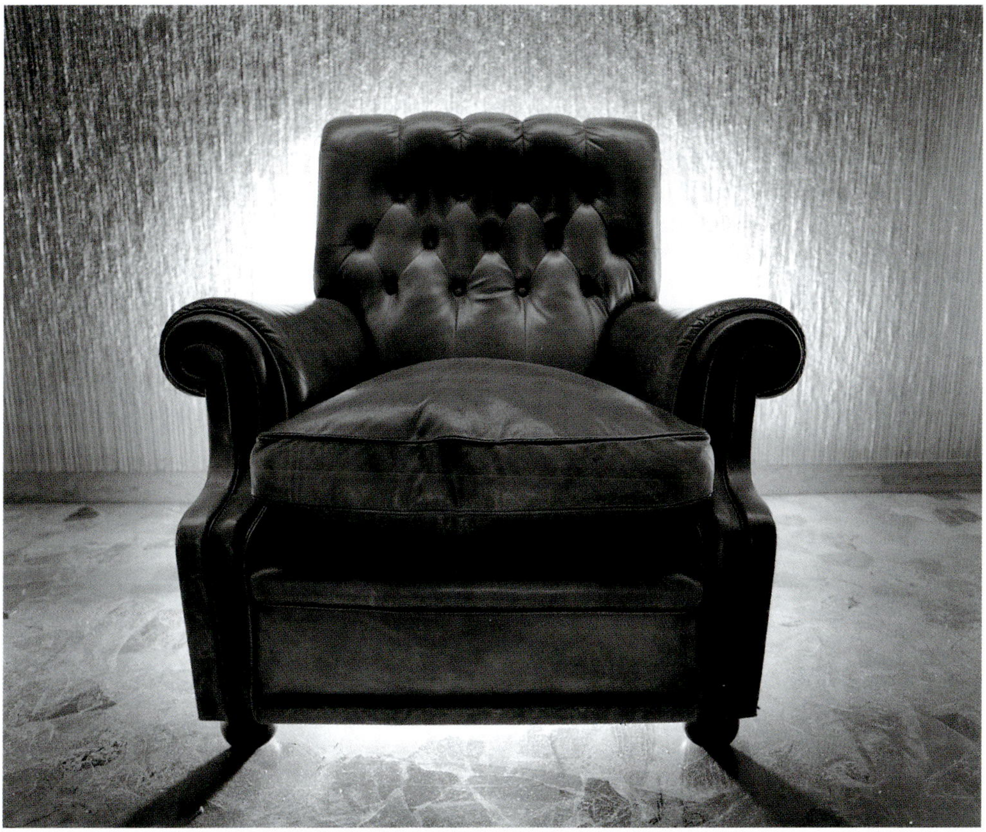

Francesco Nonino (Udine, 1960)
Lives in Modena. Nonino combines a scientific education with a passion for photography. His work aims to evoke, rather than inform.

Vive a Modena. Unisce una formazione scientifica a una forte passione per la fotografia. Le sue opere mirano più all'evocazione che all'informazione.

Sandro Penna

Era la mia città, la città vuota

Era la mia città, la città vuota
all'alba, piena di un mio desiderio.
Ma il mio canto d'amore, il mio più vero
era per gli altri una canzone ignota. (vv. 1-4)

It was my city, the empty one

It was my city, the empty one
at dawn, full with one of my desires.
But my love song, my most honest one
to others remained unknown. (v. 1–4)

Written in 1957. This poem is untitled, so the first verse is used.
(Sandro Penna. *Poesie*, Garzanti, Milan 2000; © Garzanti Editore spa, 1973, 1989, 1997; © 2000, Garzanti Libri spa).
Translation by Alexander Booth in *Italian Poetry Rewiev* (V, 2010), Società editrice, Florence..
Scritta nel 1957. Questa poesia non ha titolo, lo prende dal primo verso.
(Sandro Penna. *Poesie*, Garzanti, Milano 2000; © Garzanti Editore spa, 1973, 1989, 1997; © 2000, Garzanti Libri spa).
Traduzione a cura di Alexander Booth in *Italian Poetry Rewiev* (V, 2010), Società editrice Fiorentina.

Bianca Sforni

Bianca Sforni

Fujisan on Fujifilm, 2007
pigment print on Hanhemuhle 308 gr / stampa al pigmento su carta Hanhemuhle 308 gr, 20.3 x 24.2 in. / 51,6 x 61,5 cm

Celeste, 2012
pigment print on Hanhemuhle 308 gr / stampa al pigmento su carta Hanhemuhle 308 gr, 25.9 x 20.8 in. / 65,91 x 52,78 cm

Bianca Sforni

Supernatura IV, 2012
carbon fresson print / stampa al carbone Fresson,
25.2 x 20 in. / 64,1 x 50,8 cm

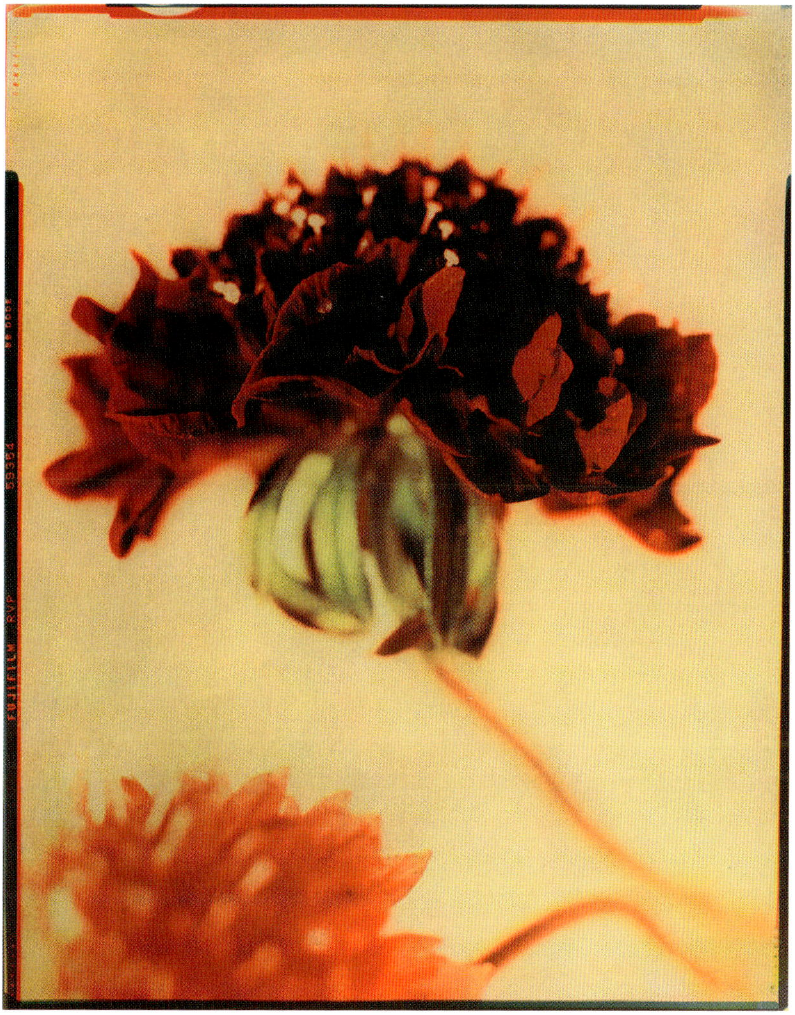

Bianca Sforni (Milano, 1963)
She lives in New York, Los Angeles, and Paris. She uses the photographic medium to investigate aspects of nature with an innovative interpretation.

Vive tra New York, Los Angeles e Parigi. Usa il mezzo fotografico per investigare gli aspetti della natura con un'interpretazione innovativa.

Lorenzo de' Medici

Il Trionfo di Bacco e Arianna

Quant' è bella giovinezza,
che si fugge tuttavia!
Chi vuol essere lieto, sia:
del doman non v'è certezza! (vv. 1-4)

The triumph of Bacchus and Ariadne

How beautiful our Youth is,
that's always flying by us!
Who'd be happy, let him be so:
Nothing's sure about tomorrow! (v. 1–4)

Written in 1490.
Translation by A.S. Kline.
Scritta nel 1490.
Traduzione a cura di A.S. Kline.

Franco Vaccari

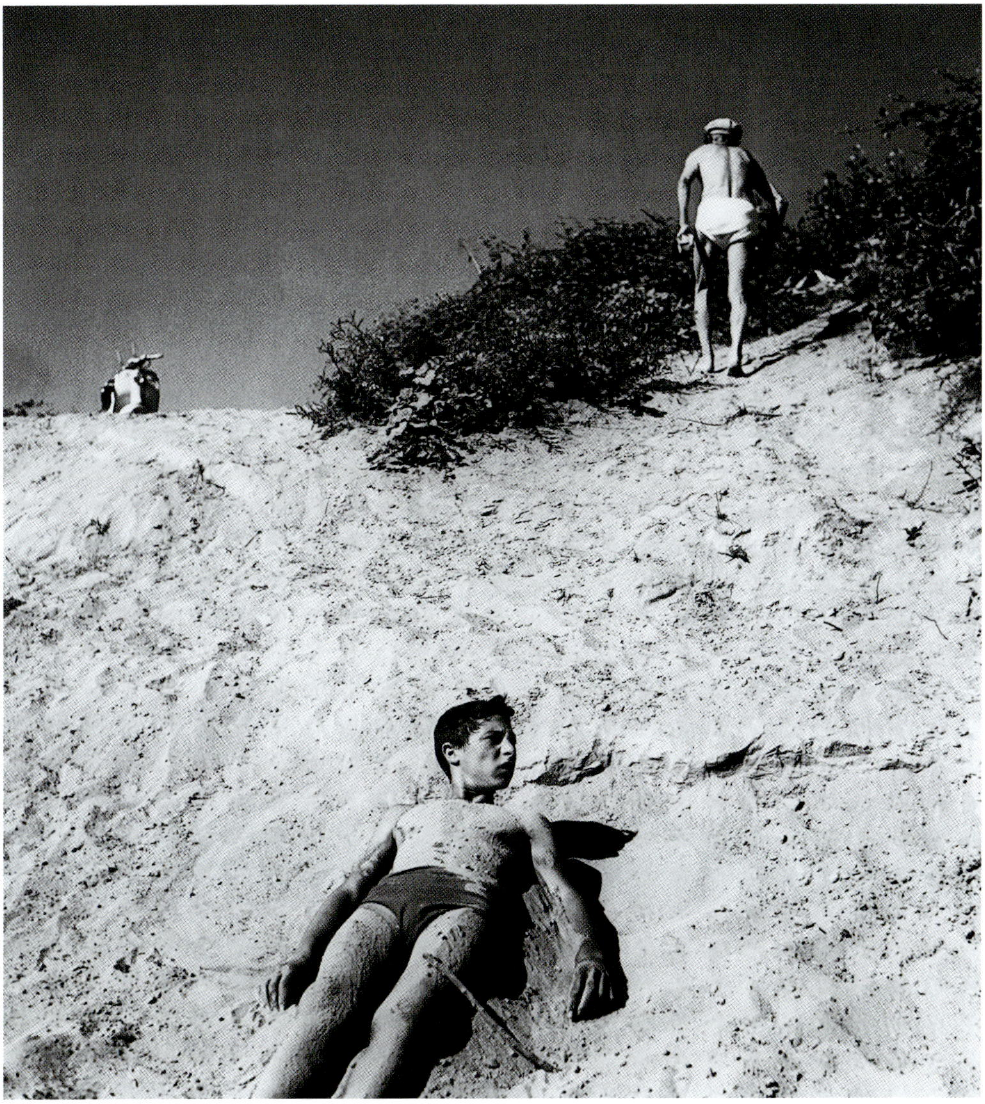

Franco Vaccari

*La Vespa sull'argine,*1959
b/w print / stampa b/n, 11.8 x 11.8 in. / 30 x 30 cm

*Pop Festival Isola di Wight,*1970
b/w print / stampa b/n, 11.8 x 15.7 in. / 30 x 40 cm

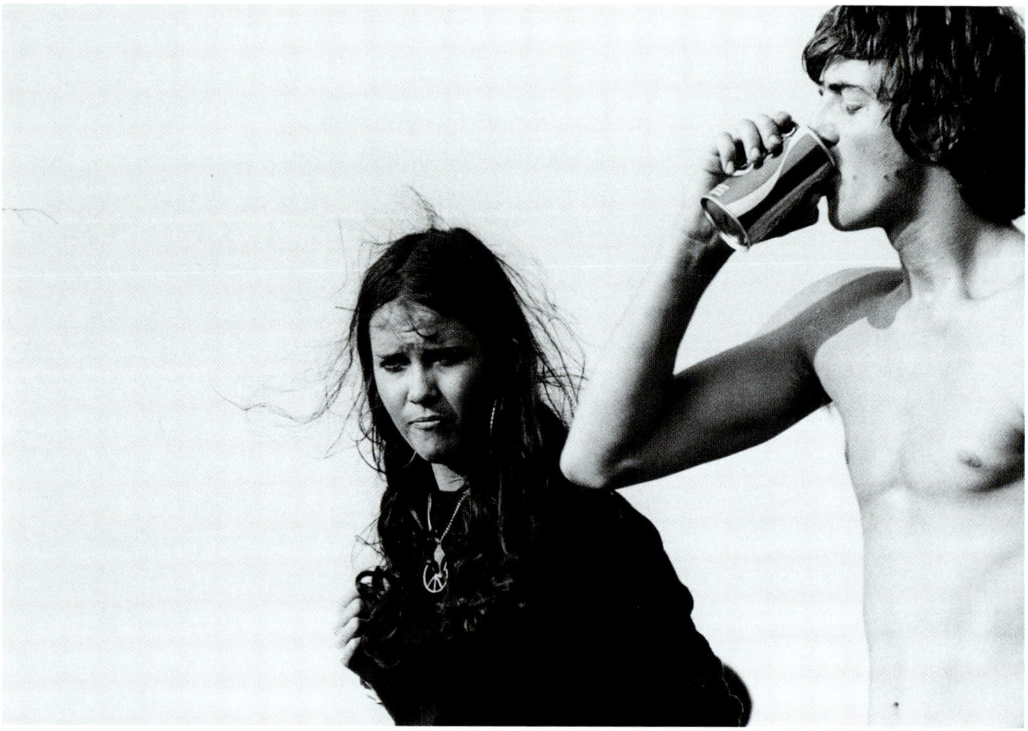

Franco Vaccari

Lascia una traccia fotografica del tuo passaggio,
Biennale di Venezia 1972
b/w print / stampa b/n, 11.8 x 15.7 in. / 30 x 40 cm

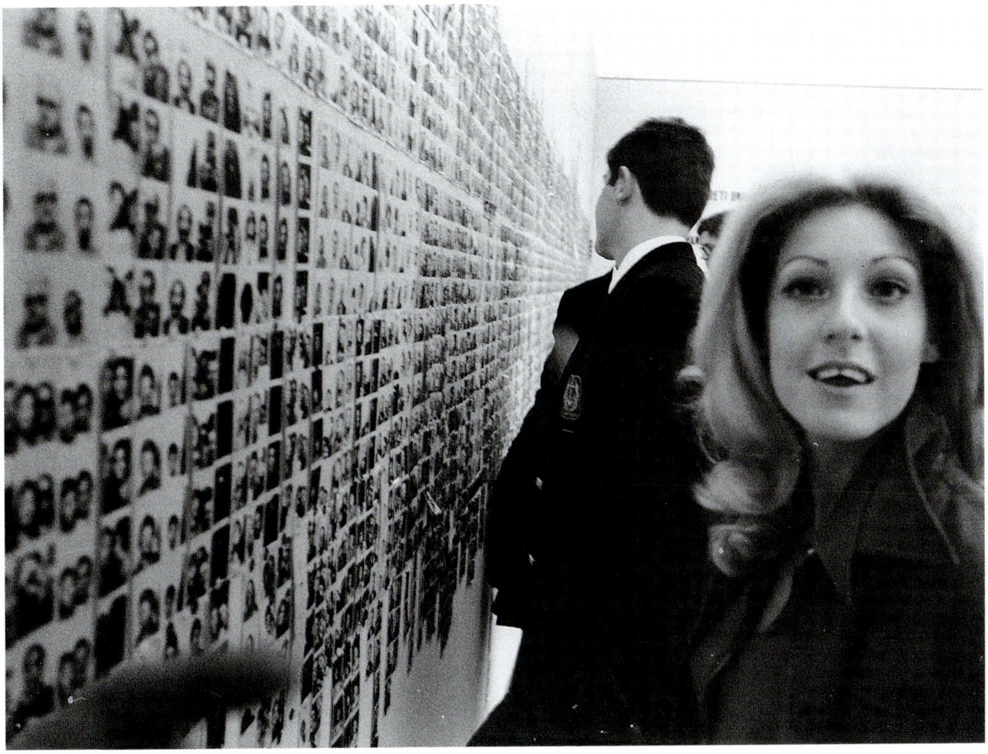

Franco Vaccari (Modena, 1936)
Lives in Modena. The open communication between work and viewer frees the subject from any kind of influence, above all that of the author.

Vive a Modena. Il rapporto aperto tra l'opera e lo spettatore lascia il soggetto libero da ogni influenza, soprattutto quella dell'autore.

Eugenio Montale

Spesso il male di vivere ho incontrato

Bene non seppi, fuori del prodigio
che schiude la divina indifferenza:
era la statua nella sonnolenza
del meriggio, e la nuvola, e il falco alto levato. (vv. 5-8)

Again and again I have seen life's evil

I have known no good except the miracle
that reveals the divine Indifference:
it was the statue in the drowsy trance
of noon, the cloud, the cruising falcon. (v. 5–8)

Published for the first time in the collection *Ossi di Seppia*, Mondadori, Milan 1925. (Eugenio Montale, *Tutte le poesie*, Mondadori, Milan 1984).
Eugenio Montale. Selected Poems. Translated by Jonathan Galassi, Charles Wright, and David Young. © 2004 Oberlin College Press.
Pubblicata per la prima volta nella raccolta *Ossi di Seppia*, Mondadori, Milano 1925. (Eugenio Montale, *Tutte le poesie*, Mondadori, Milano 1984).
Eugenio Montale: Selected Poems, traduzioni di Jonathan Galassi, Charles Wright, e David Young. © 2004 Oberlin College Press.

Paolo Ventura

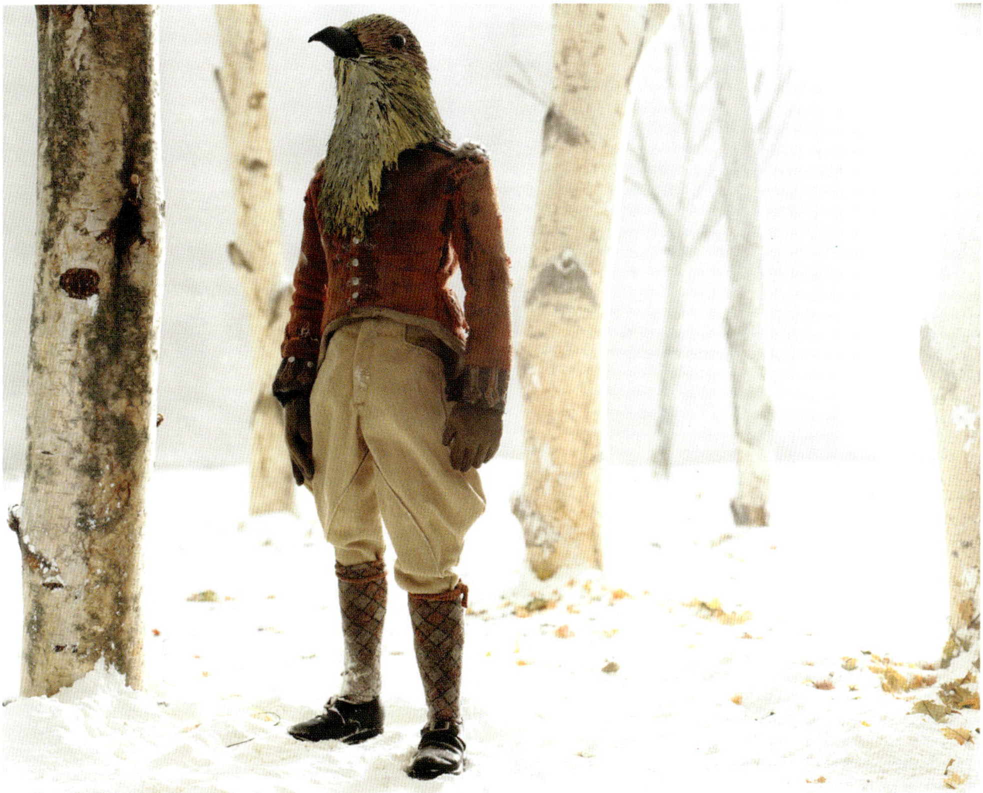

Paolo Ventura

The Birdman, 2007
c-print, 40 x 50 in. / 102 x 127 cm

February 9, 2012
archival inkjet print / stampa a getto d'inchiostro,
60 x 70 in. / 152 x 178 cm

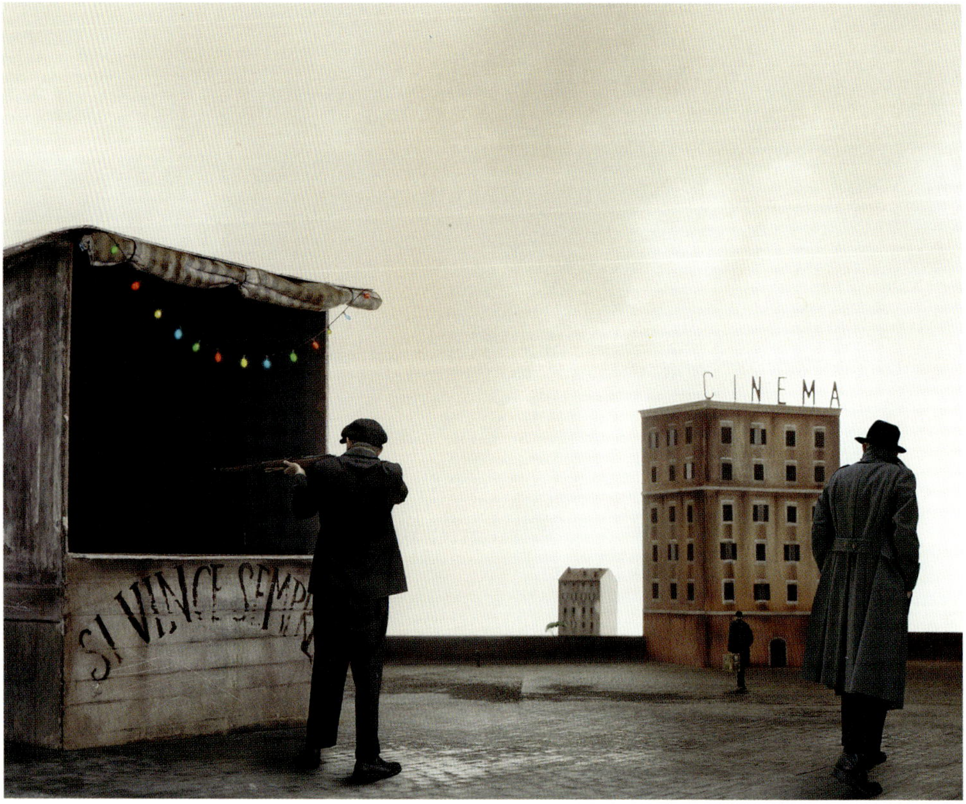

Paolo Ventura

Behind the Walls #2, 2011
c-print, 40 x 50 in. / 102 x 127 cm

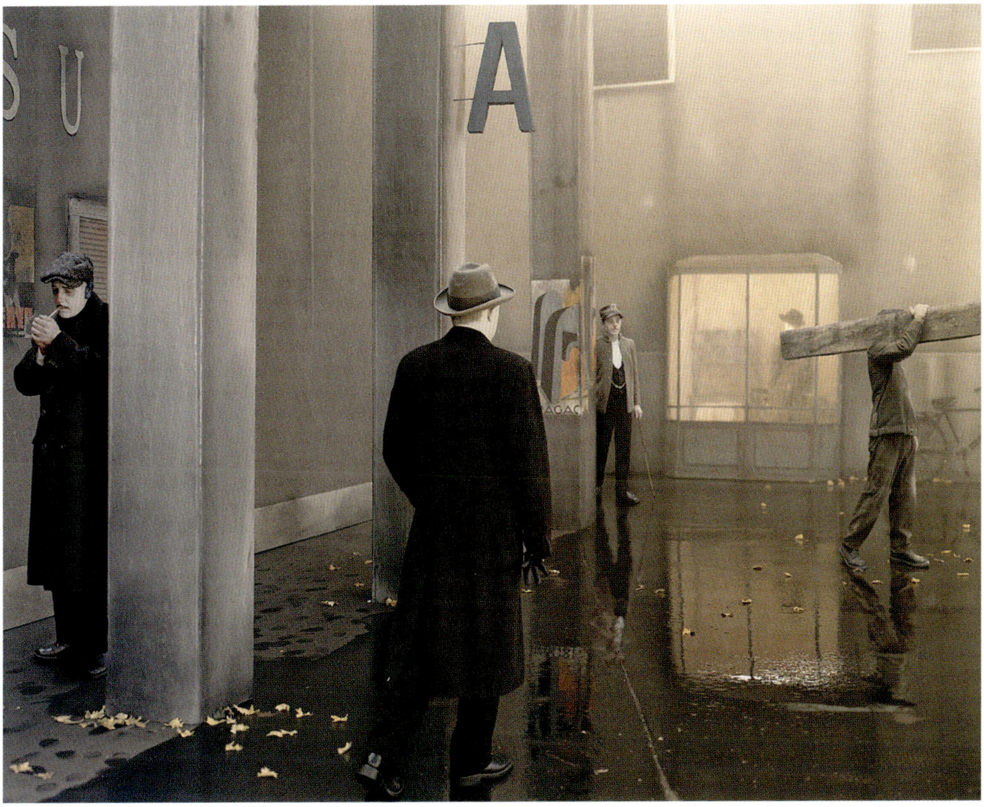

Paolo Ventura (Milano, 1968)
He lives in New York and Tuscany. He is an artist who experiments with the boundaries between reality and make-believe, natural and artificial. He creates dreamlike atmospheres in which he is a protagonist.

Vive tra New York e la Toscana, sperimenta i confini tra verità e finzione, naturale e artificiale. Costruisce atmosfere oniriche delle quali lui stesso è protagonista.

To find out more about Charta,
and to learn about our most recent
publications, visit

www.chartaartbooks.it

Printed in November 2012
by Bianca & Volta, Truccazzano (MI)
for Edizioni Charta